Mit großem Dank an Lamia Ekk
Siri Spont

Deutsche Erstausgabe
1. Auflage 2017
© der deutschsprachigen Ausgabe: WOOW Books,
ein Imprint der Atrium Verlag AG, Zürich 2017
Alle Rechte vorbehalten
Die Originalausgabe erschien 2016 unter dem Titel
En förtrollad jul bei Rabén & Sjögren, Stockholm
© Text: Siri Spont, 2016
© Cover und Innenillustrationen: Alexander Jansson, 2016
Published by agreement with Rabén & Sjögren Agency
Aus dem Schwedischen von Katrin Frey
Satz: Sabine Conrad, Bad Nauheim
Druck und Bindung: Grafisches Centrum Cuno GmbH & Co. KG,
Calbe, Deutschland
ISBN 978-3-96177-003-8

www.WOOW-Books.de

Siri Spont · Alexander Jansson

Verzauberte Weihnachtszeit

Ein Adventsbuch in 24 Kapiteln

Aus dem Schwedischen von Katrin Frey

1

»Ich will einen HAMSTER haben! Iiich wiiill einen Haaamster haaaben!«

Mama bringt meinen kleinen Bruder ins Bett. Fadi ist fünf und redet schon seit Wochen von diesem Hamster. Als ob das etwas nützen würde. Mama nervt er damit nur, und Papa hört sowieso nicht zu, weil er gerade in Göteborg Häuser baut.

Ich wünsche mir auch einen Hamster – so sehr, dass es wehtut. Aber ich habe den Hamster ganz oben auf meinen Wunschzettel an den Weihnachtsmann geschrieben. Das reicht aus, um es Papa und Mama begreiflich zu machen. Ich weiß, dass ich den Hamster nicht schneller kriege, wenn ich unseren Eltern auf die Nerven gehe.

»Es wird keine Ratte bei uns zu Hause einziehen«, höre ich Mama sagen, bevor sie in die Küche stampft.

»HAAAAAAAAAAMSTER!«, heult Fadi. »HAAAAAAAAMS-TEEEEEEEEEEER!«

Noch ist es in unserer Wohnung nicht besonders weihnachtlich, aber zumindest bekommen wir jeden Tag bis Heiligabend ein kleines Geschenk. Die Päckchen hängen im Flur an einem Weihnachtsmannbild aus Stoff. Oma hat den Adventskalender auf dem Flohmarkt gekauft. Die Geschenke hat sie auch besorgt. Der Weihnachtsmann schielt und sieht ein bisschen verrückt aus. Aber das macht nichts, es geht ja um die Päckchen.

Jeden zweiten Tag darf ich ein Türchen öffnen, und an den anderen Tagen ist Fadi dran. Fadi hat schon auf allen Päckchen herumgedrückt, um herauszufinden, in welchem der Hamster stecken könnte. Fadi ist manchmal etwas dumm. Ich meine, wenn in einem der Geschenke wirklich ein Hamster wäre, würde der ja verhungern, bevor wir es aufmachen. Außerdem hat Fadi das größte Geschenk so fest gedrückt, dass er den Hamster zerquetscht hätte.

Ich durfte heute Morgen das erste Päckchen öffnen. Es war eine kleine Taschenlampe drin, die man an sein Schlüsselbund hängen kann.

Mama skypt mit einer Verwandten von uns, die noch in Mamas Heimatland wohnt. Ich kann verstehen, dass sie mit ihrer Familie sprechen möchte, sie vermisst natürlich alle. Aber ich wünschte, Mama würde es nicht so oft tun, denn davon wird sie nur traurig. Es ist Krieg da unten. An vielen Orten kann man nicht mal mehr wohnen. Ein Glück, dass wir hier in Schweden leben! So wie Oma.

Während Mama skypt, nehme ich mir einen Apfel und schaue aus dem Fenster. Es ist nicht schlimm, dass es drinnen bei uns noch nicht so weihnachtlich ist, denn draußen fallen dicke, weiche Schneeflocken aus einem weltraumblauen Himmel

und bedecken Straßen und Autos und Hochhäuser mit weihnachtlichem Glanz. Hinter den Hochhäusern kann ich den Wald erkennen, der voller alter Eichen und Kiefern und Felsblöcke ist.

Fast alle Fenster und Balkons sind mit bunten Lichterketten geschmückt, manche blinken. Und überall funkeln Sterne und Kerzen! Auf einigen Balkons stehen sogar leuchtende Weihnachtsmänner und Rentiere. Und mehrere Bäume im Hof sind mit Lichterketten umwickelt. Wir haben runde Lampen, die glitzern wie Gold. Dank ihnen sieht unser Balkon festlich aus. Auf der anderen Seite des Hofs liegt die Wohnung von meiner besten Freundin Leah. Ihre Familie hat einen Stern im Küchenfenster und einen leuchtenden Schneemann auf dem Balkon. Unsere Häuser sehen aus wie der größte Adventskalender der Welt.

2

Fadi wacht als Erster auf. Das war ja klar! Schließlich darf er heute ein Päckchen aufmachen. Ich höre ihn aus seinem Zimmer in den Flur rennen. Eine Weile ist es still, er ist wohl mit Auspacken beschäftigt.

Ich schließe die Augen und verkrieche mich noch tiefer unter meiner Decke. Es ist so warm und gemütlich im Bett, und draußen ist es nach wie vor stockdunkel. Ich weiß nicht, wie spät es ist, aber vielleicht kann ich noch ein bisschen schlafen.

Dann kommt das Gebrüll. Und dann ein Rumsen, als Fadi sein Geschenk gegen die Wand wirft.

»Ich will einen HAAAMSTER haben«, heult er.

Jetzt höre ich Mama aus dem Schlafzimmer stürzen. Bei diesem Krach kann man unmöglich wieder einschlafen.

»Martha! Wir sind viel zu spät dran, steh sofort auf!«, ruft sie.

»Kannst du nicht erst mal Fadi sagen, dass er die Klappe halten soll?«, frage ich.

Mir geht das Gequengel um den Hamster auf die Nerven. Aber Mama ist bereits in die Küche gespurtet, um das Frühstück zu machen.

Zum Glück bin ich ordentlich und habe meine Schulsachen selbst im Griff. Ansonsten hätte ich wahrscheinlich nie meine Hausaufgaben oder meinen Turnbeutel dabei, wenn wir Sport haben. Mama hat irgendwie immer so viele andere Dinge im Kopf.

Leah steht ganz oben auf einem Schneewall im Hof und wartet auf mich. Wir haben die gleichen Schuhe und die gleichen Rucksäcke, und heute tragen wir zufällig auch noch die gleichen Mützen. Aber so ist das bei uns beiden – wir denken genau gleich. Allerdings ist Leah cooler als ich. Manchmal habe ich das Gefühl, dass sie eine Superheldin ist. Sie kann zum Beispiel unendlich hoch klettern, und sie hat vor nichts Angst.

»Ich dachte schon, du kommst NIE«, beklagt sie sich.

Aber sie lächelt mich an, und deswegen werde ich nicht sauer.

»Wir haben verschlafen. Hast du dein Sportzeug dabei?«, frage ich.

Es gibt noch einen Unterschied zwischen Leah und mir. Sie hat nie den Überblick, was in der Schule ansteht oder was wir mitbringen sollen. Wenn wir morgens nicht denselben Schulweg hätten, würde sie sich bestimmt verlaufen und am Ende im Supermarkt landen.

»Was? Haben wir heute Sport?« Sie reißt die Augen auf.

»Mensch, Leah. Wir haben jeden Freitag Sport.«

Sie schüttelt den Kopf, als würde ich sie veräppeln.

»Allerdings laufen wir heute wahrscheinlich nur auf der beleuchteten Loipe herum, und das kannst du auch in deinen normalen Sachen machen«, tröste ich sie.

Als wir den Schulhof erreichen, wartet unsere Klasse bereits vor der Turnhalle. Maja kommt gleich angerannt, um uns zu zeigen, was heute in ihrem Adventskalender war.

Maja ist auch unsere beste Freundin. Manchmal bin ich ein bisschen neidisch auf sie. Wenn sie über ihr Land redet zum Beispiel. Als sie zum ersten Mal davon erzählt hat, waren wir noch im Kindergarten, und ich war unheimlich beeindruckt, weil ich dachte, sie wäre eine Prinzessin oder so was Ähnliches. Als Maja und ihre Eltern in den Sommerferien in ihr Land fahren wollten, habe ich es mir ungefähr so wie bei Pippi Langstrumpf vorgestellt – eine Südseeinsel mit Palmen, wie die, auf der Pippis Vater König ist. Genau das fand ich bloß immer verwirrend, weil Majas Vater eine Brille und einen Pferdeschwanz trägt und mehr Ähnlichkeit mit einer Maus als mit einem König hat. Jetzt weiß ich, dass mit dem eigenen Land nur ein Grundstück außerhalb der Stadt gemeint ist, eine Hütte an einem See. Aber immerhin.

»Leah und Martha! Ihr habt keine Zeit mehr, euch umzuziehen. Wir gehen gleich los!«, sagt Özgun, unser Sportlehrer.

»Wir sind sowieso schon fertig«, verkündet Leah und steckt die Hände in die Taschen.

Im Sommer ist der Wald hier der reinste Dschungel. Einige Bäume sind riesengroß und sicher hundert Jahre alt. Seit Schnee gefallen ist, sieht er wie ein Märchenwald aus. Höchstens ein Reh, das durchs Unterholz läuft, durchbricht hin und wieder die Stille. Meine Lieblingsstelle ist ein verfallenes Häuschen in der Nähe eines schönen alten Gutshofs, wo im Sommer ein Café ist.

»Das ist ein altes Kühlhaus, das zum Hof gehört«, sagt Maja.

Sie weiß immer so komische Sachen. Es ist aber spannender, mit ihr über die unheimlichen Wesen zu reden, die in dem Häuschen wohnen. Leah und Maja glauben, dass es Gespenster sind. Ich glaube, dass dort Trolle leben, weil es in dem Haus so dreckig ist und stinkt.

Wir haben den kleinen Fluss erreicht, der direkt an dem Vorratshäuschen vorbeifließt, der Rest der Klasse ist schon ein Stück weiter. Plötzlich bleibt Leah stehen und reißt die Augen auf. Ich bekomme einen Riesenschreck, weil ich in Gedanken noch bei den Trollen bin.

»Ein Kühlhaus!«, sagt sie. »Das zum Gutshof gehört!«

Maja und ich sehen uns an. Hat sie den Verstand verloren? Das wissen wir doch längst.

»Kapiert ihr das denn nicht?«, fährt Leah fort und geht jetzt etwas schneller weiter.

Nein, tun wir nicht, aber wir folgen ihr trotzdem.

»Da bewahren sie im Winter, wenn das Café geschlossen ist, bestimmt die ganze Limo und die Süßigkeiten auf!«, jubelt Leah und rutscht den Abhang zum Fluss und dem Häuschen hinunter.

Ich rutsche ihr hinterher, obwohl ich mich eigentlich nicht traue. Natürlich hoffe ich auch, dass wir haufenweise Limo und Schokolade finden. Eine Weile bleiben wir vor der dunklen Öffnung stehen. Drinnen hat jemand mit blutroter Farbe »Rette mich!« an die Wand gesprüht.

»Wir sollten die anderen einholen, bevor sie zurückkommen, um uns zu suchen«, sagt Maja.

Ich merke, dass sie genauso viel Bammel hat wie ich. Aber Leah ist schon auf dem Weg in das Häuschen. Und obwohl ich mir vor Angst fast in die Hose mache, folge ich ihr.

Drinnen ist es kohlpechrabenschwarz. Zuerst sehe ich fast gar nichts. Als meine Augen sich ein wenig an die Dunkelheit gewöhnt haben, entdecke ich ein altes Bett ohne Matratze, das hochkant steht. Und eine Tür, die nirgendwohin führt, sondern an der Wand lehnt. Die Wände sind vollgekritzelt. Es riecht merkwürdig, irgendwie verfault.

»Ach«, enttäuscht tritt Leah gegen das Bett. »Hier gibt es doch nichts zu entdecken.«

»Komm, wir gehen«, sage ich. Mein Herz klopft so schnell und so fest, dass ich kaum atmen kann. »Ist doch egal, dass es nichts zu sehen gibt. Es ist sowieso superunheimlich.«

»Kommt ihr endlich?«, piepst Maja von draußen.

Sie klingt so ängstlich, wie ich mich fühle.

3

Am Samstag ist in meinem Adventskalendertürchen nur ein ziemlich merkwürdiges Schmuckstück, aber das finde ich nicht schlimm, denn ich freue mich auf Papa!

Warten ist so anstrengend – auf Weihnachten warten und auf Papa warten. Je näher die Mittagszeit rückt, desto aufgeregter sind Fadi und ich. Wir rennen herum und versuchen, uns gegenseitig zu erschrecken, bis Mama genug hat und uns anbrüllt.

Aber diesmal ist Papa ja zwei Wochen weg gewesen, da ist es doch kein Wunder, dass wir überdreht sind.

»Glaubst du, er bringt uns ein Geschenk mit?«, fragt Fadi mit leuchtenden Augen.

»Das schönste Geschenk ist doch, dass er nach Hause kommt, oder?«, frage ich und fühle mich gut dabei.

Insgeheim male ich mir aber aus, was er für mich gekauft haben könnte.

Nach einer gefühlten Ewigkeit geht die Tür auf, und Papa kommt endlich nach Hause. Er hebt uns sonst immer hoch oder lässt uns mit dem Kopf nach unten hängen, kitzelt uns durch und gibt uns lustige Kosenamen.

Aber heute nicht. Jemand scheint unseren Papa gegen einen anderen ausgetauscht oder ihn verzaubert zu haben. Denn derjenige, der da hereinkommt und uns in den Arm nimmt, sieht nur müde und ernst aus. Anstatt Scherze zu machen und mit strahlendem Gesicht Geschenke für uns hervorzuholen, sagt er, dass Mama und er reden müssen.

Dann schließen unsere Eltern sich im Schlafzimmer ein. Sie unterhalten sich so leise, dass Fadi und ich kein Wort verstehen können. Selbst dann nicht, als wir die Ohren an die Tür legen. Mein Bauch verkrampft sich immer mehr. Ich habe das Gefühl, dass etwas Schreckliches passieren wird. Was, wenn jemand gestorben ist? Oder wenn wir umziehen müssen? Nach Borlänge oder an einen anderen Ort, wo ich noch nie gewesen bin.

Endlich kommen sie wieder raus.

»Kinder – Papa und ich müssen etwas mit euch besprechen«, sagt Mama.

»Kriegen wir Chips?«, fragt Fadi.

Mama sieht jetzt genauso ernst aus wie Papa. Wortlos stellt sie ein Schälchen voller Nüsse auf den Tisch. Fadi fällt darüber her, aber ich habe solche Bauchschmerzen, dass ich nicht mal eine winzige Nuss essen möchte.

Es ist mucksmäuschenstill am Tisch, es scheint, als müsste Papa Anlauf nehmen. Man hört nur, wie Fadi knackend die Nüsse kaut.

»Ihr wisst, dass in Mamas Heimatland Krieg ist«, sagt Papa schließlich.

Ich nicke, natürlich weiß ich das.

»Und ihr wisst, dass einige ihrer Verwandten noch dort leben.«

Wieder nicke ich. Aber ich war noch nie da. Alles, was mit diesem Land zu tun hat, scheint weit weg zu sein. Wir kennen es hauptsächlich aus Omas Erzählungen.

»Ein Cousin von euch ist allein nach Schweden gekommen. Er heißt

Yusuf und hat bisher bei Verwandten in Malmö gewohnt. Und jetzt zieht er zu uns.«

»Er ist genauso alt wie du, Martha. Du wirst also einen neuen Freund hier zu Hause haben«, sagt Mama.

Sie versucht, fröhlich zu klingen. Fadi nimmt sich eine Handvoll Nüsse und scheint sich nicht besonders für das zu interessieren, was Mama und Papa uns erzählen.

»Wo soll er denn schlafen?«, fragte ich.

Wir haben kein Zimmer übrig, und dass ständig jemand im Wohnzimmer übernachtet, fände ich anstrengend.

»Du und Fadi, ihr werdet euch ein Zimmer teilen. Fadi hat ja ein Etagenbett«, sagt Papa.

Nun weiß ich ganz bestimmt, dass es nicht toll werden wird. In meinem Zimmer soll ein fremder Junge wohnen? Er darf in meinen Sachen wühlen? Und wohin sollen Leah und ich uns zurückziehen, wenn wir unsere Ruhe vor Fadi haben wollen?

Fadi hat aufgehört zu kauen und starrt Mama und Papa an.

»Ich will nicht«, sagt er. »Mein Zimmer soll nur mir und meinem Hamster gehören.«

»Warum kann dieser Yusuf nicht bei Fadi schlafen?«, frage ich. »Ich muss in Ruhe meine Hausaufgaben machen können. Wenn Fadi mich die ganze Zeit stört, geht das nicht.«

Eigentlich ist das Zimmer nicht meine einzige Sorge. Es kommt mir so seltsam vor, dass jemand, den ich noch nie gesehen habe, bei uns einzieht. Was, wenn er nicht nett ist?

»Schluss jetzt!«, brüllt Papa so laut, dass Fadi anfängt zu weinen. »Es reicht! Ihr denkt nur an euch selbst. Seid froh, dass ihr ein Dach über dem

Kopf habt! Es wird so gemacht, wie Mama und ich es sagen, und ich will kein Gejammer mehr hören.« Dann geht er auf den Balkon und zündet sich eine Zigarette an.

»Ich will einen HAAAAAAMSTER haben!«, heult Fadi.

Mir kommen auch die Tränen. Es ist alles so ungerecht. Es sollte doch gemütlich werden, wenn Papa nach Hause kommt und die ganze Familie zusammen ist! Wir wollten alles weihnachtlich schmücken und zusammen Plätzchen backen. Und jetzt ist er wütend auf uns und findet, dass seine Kinder rumjammern und verwöhnt sind. Mama sieht uns traurig an.

»Sind wir die grässlichsten Kinder auf der Welt?«, frage ich sie.

Mama nimmt Fadi auf den Schoß und streichelt meine Hand.

»Ihr seid die wunderbarsten Kinder, die es gibt. Aber manchmal muss man für Menschen da sein, denen es nicht so gut geht wie einem selbst.«

»Ist der Junge Heiligabend immer noch hier?«

Das will ich wirklich nicht. Vielleicht macht dieser Yusuf uns Weihnachten kaputt! Dabei ist das für mich doch der schönste Tag im ganzen Jahr.

»Darf er auch den Adventskalender öffnen?«, fragt Fadi.

Mama antwortet nicht. Da wird uns klar, dass es so sein wird.

»Dann bekommt er sicher meinen Hamster.« Fadi weint so doll, dass es ihn schüttelt.

Mama wirft einen Blick auf den Balkon, aber Papa wird bestimmt noch eine Weile draußen bleiben. »Ihr wünscht euch diese Ratten wirklich sehr, oder?«, fragt sie.

»Wir wünschen uns Hamster«, korrigiere ich sie leise.

»Jaaa!«, heult Fadi.

»Dann sollten wir morgen für jeden von euch einen kaufen gehen. Als vorzeitiges Weihnachtsgeschenk.«

»Woow!«, Fadi reißt die Augen auf.

Sie hebt warnend einen Zeigefinger und guckt uns streng an.

»Aber dafür will ich kein Gejammer mehr hören, weil Yusuf bei uns einzieht. Und ihr müsst mir versprechen, euch um euren Cousin zu kümmern.«

4

Fadi steht am nächsten Morgen um fünf Uhr auf. Er weckt mich und will sofort die Hamster kaufen gehen.

»Leg dich wieder hin, es ist noch viel zu früh«, brumme ich.

Aber ich kann nicht wieder einschlafen. Zuerst freue ich mich, weil Wochenende ist und ich einen Hamster bekomme. Ich stelle mir vor, wie zahm er sein wird, und ich überlege, wo ich den Käfig hinstelle. Dann fällt mir ein, dass ich mein Zimmer ja bald gar nicht mehr für mich allein habe. Plötzlich erscheint mir der Tag gar nicht mehr so toll.

Ich bleibe im Bett liegen und wälze mich von einer Seite auf die andere, solange ich kann. Doch irgendwann halte ich es nicht mehr aus. Also ziehe ich mich an und mache mich heimlich auf den Weg zu Oma. Sie wohnt im Nachbarhaus und ist morgens immer schon früh auf, obwohl sie gar nicht mehr arbeiten muss.

»Martha, du bist schon wach? Wie schön!« Sie drückt mich. »Komm rein, ich habe gerade Frühstück gemacht.«

Ich folge ihr in die Küche.

Oma hat ihre Wohnung auf jeden Fall weihnachtlich geschmückt. Sie hat rote Vorhänge aufgehängt, und auf der Fensterbank stehen weiße

Hyazinthen, die wunderbar riechen. Hier und da entdecke ich fröhliche Weihnachtsmänner und singende Engel aus Porzellan. Auf dem Tisch brennen zwei Adventskerzen.

Wir trinken Tee mit viel Honig und Milch aus ihren schönsten Perlmutttassen. Dann lesen wir zusammen in meinem Lieblingsbuch. Es ist ein ziemlich altes Buch über Riesen und Trolle, magische Gegenstände und anderes Übernatürliches. Auch die Bilder sind märchenhaft. Und der Wald, in dem all diese magischen Wesen wohnen, sieht fast genauso aus wie unserer. Davon läuft mir immer ein kleiner Schauer über den Rücken – aber ein schöner. Wenn ich versuche, mit Mama über so was zu reden, lacht sie nur und nennt das Unsinn. Oma ist da ganz anders. Sie sagt, dass es auf der Welt viel mehr Dinge gibt, als die Menschen wissen.

»Vor allem in der Weihnachtszeit hat alles Übernatürliche viel Kraft. Besonders kurz vor Heiligabend.«

Oma weiß eine Menge wichtige Sachen, von denen Mama und Papa keine Ahnung haben. Als wir uns das Kapitel über den Troll anschauen, entdecke ich plötzlich ein Symbol, das genauso aussieht wie mein Schmuckstück aus dem Adventskalender.

»Das nennt man Trollkreuz«, erklärt Oma. »Früher glaubten die Menschen, es schütze vor Trollen. Daher solltest du besser nicht ohne das Amulett in den Wald gehen.«

Ich weiß nicht, ob sie nur Spaß macht oder es ernst meint.

Das Schönste an Oma ist, dass sie einen nie drängt oder nach Sachen fragt, über die man nicht gern redet. Sie wartet ab, bis man von sich aus darüber spricht. Wir unterhalten uns ausführlich über Trolle, bevor ich sage:

»Fadi und ich bekommen heute jeder einen Hamster.«

»Das habt ihr euch doch schon lange gewünscht. Wieso siehst du so traurig aus?«

Da erzähle ich ihr von dem Jungen, der zu uns kommt und in meinem Zimmer schlafen soll. Ich merke allerdings ziemlich bald, dass Oma schon alles weiß. In den ersten Tagen, bevor er in die neue Schule geht, wird sie sich sogar um ihn kümmern. Wenigstens sagt sie nicht, dass ich bestimmt riesigen Spaß mit ihm haben werde. Sie hört vor allem zu.

Nach einer Weile will ich nicht mehr über den Jungen reden. Ich will nicht mal länger an ihn denken. Deshalb frage ich:

»Kannst du mir nicht etwas aus der Zeit erzählen, als du klein warst?«

»Habe ich dir schon von dem Haus am Meer erzählt, das wir hatten?«

»In deinem Land?«, frage ich.

Da verstummt Oma. Sie fasst mir unters Kinn und sieht mich so ernst an, dass ich beinahe Angst bekomme.

»UNSER Land, Martha. Es ist immer noch unser Land. Auch deins. Sie denken, sie könnten es uns wegnehmen, aber es wird für immer unseres sein.«

Ich bleibe bei Oma, bis Mama und Fadi mich abholen.

»Wir gehen HAMSTER kaufen!«, ruft Fadi, als Oma die Tür öffnet.

Er kann vor Aufregung nicht still stehen und springt vor der Tür auf und ab, sodass man ihn im ganzen Treppenhaus hört.

Dann fahren wir mit dem Auto ins Zentrum, obwohl der Weg überhaupt nicht weit ist. Aber wir müssen ja so viele Sachen für die Hamster kaufen. Sie brauchen einen Käfig, eine Wasserflasche, Futter, einen Salzleckstein, Käfigstreu, ein Haus zum Schlafen, Papierstreifen als Schlafunterlage, ein Hamsterrad und ein Sandbad.

Sobald ich die Hamster sehe, scheint alles um mich herum zu verschwinden. Ich glaube, ich verliebe mich sogar ein bisschen. Es sind die süßesten Tiere, die ich jemals gesehen habe. Mein Hamster ist grau, hat einen schwarzen Streifen auf dem Rücken und soll Blacky heißen. Fadis ist weiß mit einem schwarzen Streifen auf dem Rücken und soll Softy heißen.

Als wir die beiden in ihrem Käfig anschauen, setzt sich mein Hamster auf die Hinterbeine und guckt mich direkt an. Als ob er mich auserwählen würde!

Fadi schleppt einen ganzen Armvoll Hamsterspielzeug heran und will nicht verstehen, dass wir das nicht alles kaufen können. Erst als die Frau an der Kasse sagt, dass es mit so vielen Sachen bestimmt zu eng im Käfig wird, gibt er nach.

»Sind Sie auch ganz sicher, dass wir zwei Weibchen ausgesucht haben?«, fragt Mama.

Die Frau an der Kasse nickt.

»Ich will aber einen Hamsterjungen«, sagt Fadi.

»Das geht doch nicht, oder bist du blöd? Sonst bekommen wir ganz viele Hamsterbabys«, erkläre ich ihm.

»Cool!«, johlt Fadi.

Mama schüttelt den Kopf.

»Wir werden ganz bestimmt KEINE Hamsterbabys bekommen. Diese beiden hier reichen vollkommen.«

»Und sie sollen in MEINEM Zimmer schlafen«, sagt Fadi störrisch.

»Ja«, sage ich, »aber da ich ab jetzt auch in diesem Zimmer schlafe, ist es nicht mehr nur deins.«

Schließlich ziehen nicht nur die Hamster bei uns ein. Schon morgen kommt er. Der Junge. Derjenige, der mein Zimmer übernehmen wird. Und ich habe versprochen, nett zu ihm zu sein. Ich weiß nicht, wie das gehen soll.

5

Bevor wir uns auf den Weg zur Schule machen, schaue ich mir ein letztes Mal mein Zimmer an. Es sieht so leer aus, seit ich meine wichtigsten Besitztümer zu Fadi hinübergetragen habe. Irgendwie verlassen. Eine Hyazinthe lasse ich für diesen Yusuf auf der Fensterbank stehen. Dann gehe ich seufzend in mein neues, tierisch enges Zimmer hinüber, wo überall Fadis Sachen verstreut liegen. Es ist ein seltsames Gefühl – als würde ein anderes Leben beginnen, wenn ich nach der Schule wieder nach Hause komme.

Ich stecke einen Finger durch die Gitterstäbe des Käfigs und sage Blacky Tschüs. Sie traut sich hervor und schnuppert an mir.

In den ersten Tagen soll man die Hamster nicht hochnehmen. Fadi war das natürlich egal. Er hat Softy auf seinem Piratenschiff herumkrabbeln lassen, und dann konnten wir sie nur mit Mühe und Not wieder einfangen, weil sie sich hinter einem Bücherregal versteckt hat. Ich werde mich an den Rat der Verkäuferin halten und Blacky Zeit lassen, sich allmählich an meine Hand zu gewöhnen, bevor ich sie hochnehme.

Als ich draußen im Hof bin, ist es immer noch dunkel. Leah und ich haben uns das ganze Wochenende nicht gesehen, und ich weiß gar nicht, wie ich ihr auf unserem kurzen Schulweg erzählen soll, was alles passiert ist. Das Wichtigste kommt zuerst: die Hamster. Genau, wie ich es vorausgesehen habe, stirbt Leah fast vor Neid.

»Nee, oder? Ihr habt die EINFACH SO gekriegt? Ich will dich heute UNBEDINGT besuchen«, sagt sie.

»Ich glaube, das geht nicht«, antworte ich.

Und dann erzähle ich ihr auch den Rest. Dass ich kein eigenes Zimmer mehr habe. Und dass ein fremder Junge namens Yusuf bei uns einzieht.

Allerdings hat Leah überhaupt kein Mitleid mit mir. Sie findet den Jungen sogar interessanter als die Hamster.

»Vielleicht ist er total süß? Und nett und lustig! Das ist doch fast, als würde man einen Bruder bekommen, auf den man noch nicht mal aufpassen muss.«

Leah kapiert einfach nicht, warum ich mich beklage. Sie hat drei Geschwister und musste ihr Zimmer von Anfang an mit einer ihrer Schwestern teilen.

»Wie ungerecht! Du bekommst nicht nur einen Hamster, sondern auch einen Als-ob-Bruder und außerdem jeden Tag Weihnachtsgeschenke«, jammert Leah. »Was war denn heute wieder in deinem Adventskalender?«

Heute Morgen war alles so hektisch, dass ich vergessen habe, mein Päckchen aufzumachen. Jetzt ziehe ich es aus der Tasche und wickele es aus. Ein alter Schlüssel plumpst mir vor die Füße.

»Der ist ja uralt! Wofür ist der?« Leah hebt den Schlüssel auf.

Ich habe keine Ahnung. Oma hat mir dieses Jahr wirklich merkwürdige Dinge in den Adventskalender gepackt.

Eigentlich müssten wir unseren Tanz proben, den wir in ein paar Wochen im Hort aufführen sollen, aber in den Pausen wollen Leah und Maja nur über den Jungen reden, der bei uns einzieht. Am Ende werde sogar ich neugierig auf ihn.

Auf dem Heimweg kitzelt es in meinem Bauch, weil ich so aufgeregt bin. Leah boxt mir lachend gegen den Arm und zieht mich auf.

»Bist du verliebt, Martha? Du BIST verliebt. Obwohl du ihn noch nie gesehen hast, bist du jetzt schon in ihn verknallt.«

»Stimmt gar nicht, er hat mir doch mein Zimmer weggenommen«, sage ich in möglichst bösem Ton.

Aber mein Mund lächelt dabei wie von allein.

»Kann ich nicht mit zu dir kommen und ihn mir mal ansehen?«, quengelt Leah.

Aber Mama hat gesagt, dass er in den ersten Tagen nur die Familie um sich herum haben soll.

Als ich in den Flur stürze, warten Oma und Fadi bereits auf mich. Fadi fährt seinen armen Hamster in einem Feuerwehrauto durch die Gegend und tutet dabei laut.

»Ist er schon da?« Hastig sehe ich mich um.

Oma nimmt mich lächelnd in den Arm.

»Er ruht sich aus. Schließlich ist er heute direkt aus Malmö gekommen, darum ist er ein bisschen müde.«

Ich laufe zu meiner Zimmertür. Sie ist zu. Ich betrachte das Schild, das ich selbst im Hort gebastelt habe. »Bitte klopfen!« steht in silberner Schrift darauf.

Ich klopfe. Niemand antwortet. Ich klopfe ein zweites Mal. Aber Yusuf reagiert immer noch nicht. Schläft er? Ich kann es mir nicht verkneifen, die Tür einen Spalt zu öffnen. Da liegt er, auf dem Bett. Allerdings mit dem

Rücken zu mir, sodass ich sein Gesicht nicht sehen kann, sondern nur seine Haare. Sie sind schwarz und verstrubbelt.

Auf dem Nachttisch entdecke ich mein und Omas Lieblingsbuch. Plötzlich werde ich richtig traurig. Hat sie ihm etwa daraus vorgelesen? So wie sie das sonst nur für mich macht?

Da ich versprochen habe, nett zu sein, bemühe ich mich, meine Eifersucht und meine Enttäuschung hinunterzuschlucken, und sage:

»Hallo, ich heiße Martha.«

Er antwortet nicht.

»Wenn du nicht mehr so müde bist, können wir vielleicht zusammen spielen«, fahre ich fort.

Er antwortet immer noch nicht und rührt sich nicht einmal. Was, wenn er tot ist? Zögernd bleibe ich in der Tür stehen. Doch dann muss ich einfach zu ihm hingehen und ihn piken, damit ich weiß, ob er noch lebt.

Da dreht er sich um und schaut mich böse an.

»Hör auf! Lass mich in Ruhe!«

Er dreht sich wieder zur Wand. Ich bekomme einen Kloß im Hals und verlasse das Zimmer.

Hoffentlich hat ER auch versprochen, nett zu uns zu sein.

6

Beim Frühstück zündet Mama Kerzen an, aber so richtig weihnachtlich ist mir trotzdem nicht zumute, seit Yusuf bei uns ist. Als es Zeit ist, zur Schule zu gehen, und Oma kommt, ist er immer noch nicht aufgestanden.

Es ist schwierig, sich auf Weihnachten zu freuen, wenn er hier ist und ununterbrochen ein trauriges Gesicht macht. Er hat gestern Abend auch nicht mit uns gegessen, Mama musste ihm seinen Teller ins Zimmer bringen. Ich hoffe wirklich, dass dieser Yusuf nicht immer so sein wird.

Sogar Fadi ist stiller als sonst. Er hatte heute einen Minion im Adventskalender, mit dem rennt er eine Weile lärmend durch die Gegend, dann wird die Figur in den Hamsterkäfig gestellt.

»Ab morgen darf Yusuf jedes dritte Päckchen öffnen«, sagt Mama.

Fadi protestiert lautstark, aber ich sage nichts. Ich will keinen verwöhnten Eindruck machen. Im Geheimen denke ich, dass er sich wahrscheinlich sowieso nicht für die Päckchen interessieren wird. Und dann ist es eigentlich eine Verschwendung.

Oma umarmt mich, bevor ich losgehe.

»Hast du schon Bekanntschaft mit Yusuf geschlossen?«, fragt sie.

Ich zucke mit den Schultern. Oh, wie sehr wünschte ich, ich dürfte wenigstens noch eine Stunde länger zu Hause bleiben. Dann könnte ich Oma erklären, wie seltsam alles ist. Und ich würde sie fragen, warum sie ihm ausgerechnet aus UNSEREM Buch vorgelesen hat. Aber ich weiß, dass in zehn Minuten die Schule anfängt, und wenn ich mich nicht sofort auf den Weg mache, wird Mama sauer.

Irgendwie scheint Oma mich auch so zu verstehen. Sie streicht mir über den Arm und sagt:

»Es wird bestimmt bald besser, du wirst sehen. Wenn er sich hier zu Hause fühlt, und wenn ihr euch aneinander gewöhnt habt. Beeil dich, damit du nicht zu spät kommst.«

Als ich wieder zu Hause bin, hat Oma die Wohnung weihnachtlich geschmückt. Aus der Küche duftet es nach frischem Gebäck. Ich gehe hinein und nehme mir ein Plätzchen. Aber nicht einmal das versetzt mich in Weihnachtsstimmung.

»Hat Yusuf die ganze Zeit auf dem Bett gelegen?«, frage ich Oma.

»Überhaupt nicht. Er hat mir beim Backen geholfen und mit mir die Wohnung dekoriert. Und dann habe ich ihm vorgelesen. Er war sogar allein im Wald. Weißt du was, Martha? Ich glaube, ihr zwei werdet gemeinsam ein richtiges Abenteuer erleben.«

Es ist typisch für Oma, solche merkwürdigen Dinge zu sagen. Sie denkt nicht, dass wir Freunde werden oder viel Spaß zusammen haben, sondern dass wir möglicherweise in ein ABENTEUER geraten.

Sie ist wirklich anders als alle Erwachsenen, die ich kenne. Wahrscheinlich habe ich sie deshalb so schrecklich lieb.

»Hast du ihm heute wieder aus unserem Buch vorgelesen?«, frage ich und knibbele an einem Fingernagel.

Oma sieht mich an. Dann sagt sie:

»Egal, wie oft ich anderen Kindern aus diesem Buch vorlese, es wird immer dein und mein ganz besonderes Buch sein, Martha. Aber Yusuf scheint es im Wald zu gefallen. Und da ist es doch gut, wenn er erfährt, vor welchen Wesen er sich dort in Acht nehmen muss. Hör mal, dein Hamster hat schon nach dir gefragt, du gehst besser schnell zu ihm.«

Ich muss lachen.

»Oma, du bist verrückt. Hamster können doch nicht reden.«

»Weißt du denn nicht, dass an Heiligabend alle Tiere reden können?«, fragt sie. Ihre braunen Augen blitzen.

»Heiligabend ist aber noch lange hin«, widerspreche ich.

»Stimmt, da hast du recht. Vielleicht hat dein Hamster sich im Tag geirrt. Sprechen können die beiden auf jeden Fall. Man muss ihnen nur richtig zuhören.«

Jetzt merke ich, wie sehr ich mich nach meiner kleinen, weichen Blacky gesehnt habe. Ich rase in Fadis Zimmer, um sie zu begrüßen.

»Hast du mich vermisst?«, frage ich.

Im Grunde weiß ich, dass sie nicht antworten wird, aber ein bisschen Hoffnung mache ich mir trotzdem.

Sie ist so neugierig, dass ich sie aus dem Käfig nehme. Als ich mich umdrehe, sehe ich Yusuf, der sich lautlos zur Tür geschlichen hat und uns von dort beobachtet.

Zum ersten Mal scheint ihn etwas zu interessieren.

»Süß«, sagt er.

Blacky kackt mir in die Hand, und da lächelt er sogar. Dann versucht sie, mir zu entwischen. Es wird wahrscheinlich eine Weile dauern, bis mein Hamster zahm ist.

»Willst du sie mal nehmen?« Ich halte ihm Blacky hin.

Er nickt und wölbt die Hände. Und merkwürdigerweise wird Blacky bei ihm ganz ruhig. Sie sitzt einfach nur da und guckt ihn mit ihren schwarzen Augen an. Ihre Schnurrbarthaare zittern ein wenig. Steht sie vielleicht unter Schock?

Ich warte darauf, dass Blacky versucht, abzuhauen oder Yusuf zu beißen. Aber das tut sie nicht. Da werde ich schon wieder eifersüchtig. Sie ist doch mein Hamster, mich soll sie am liebsten mögen.

»Sie muss jetzt zurück in den Käfig«, sage ich.

Kaum sitzt Blacky wieder im Käfig, verlässt Yusuf das Zimmer.

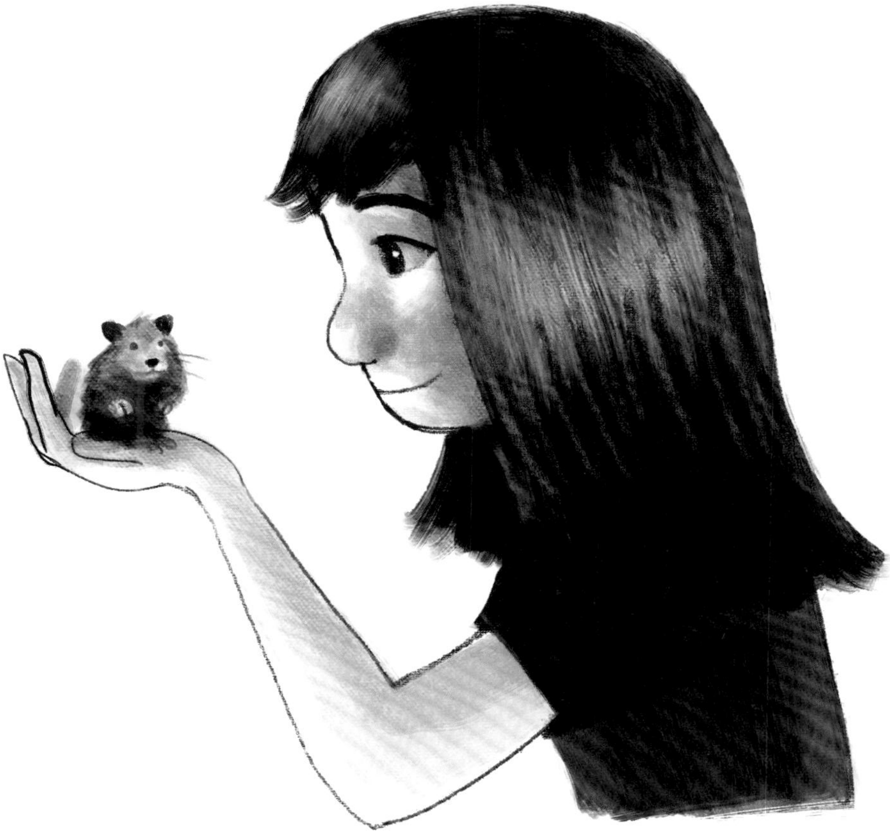

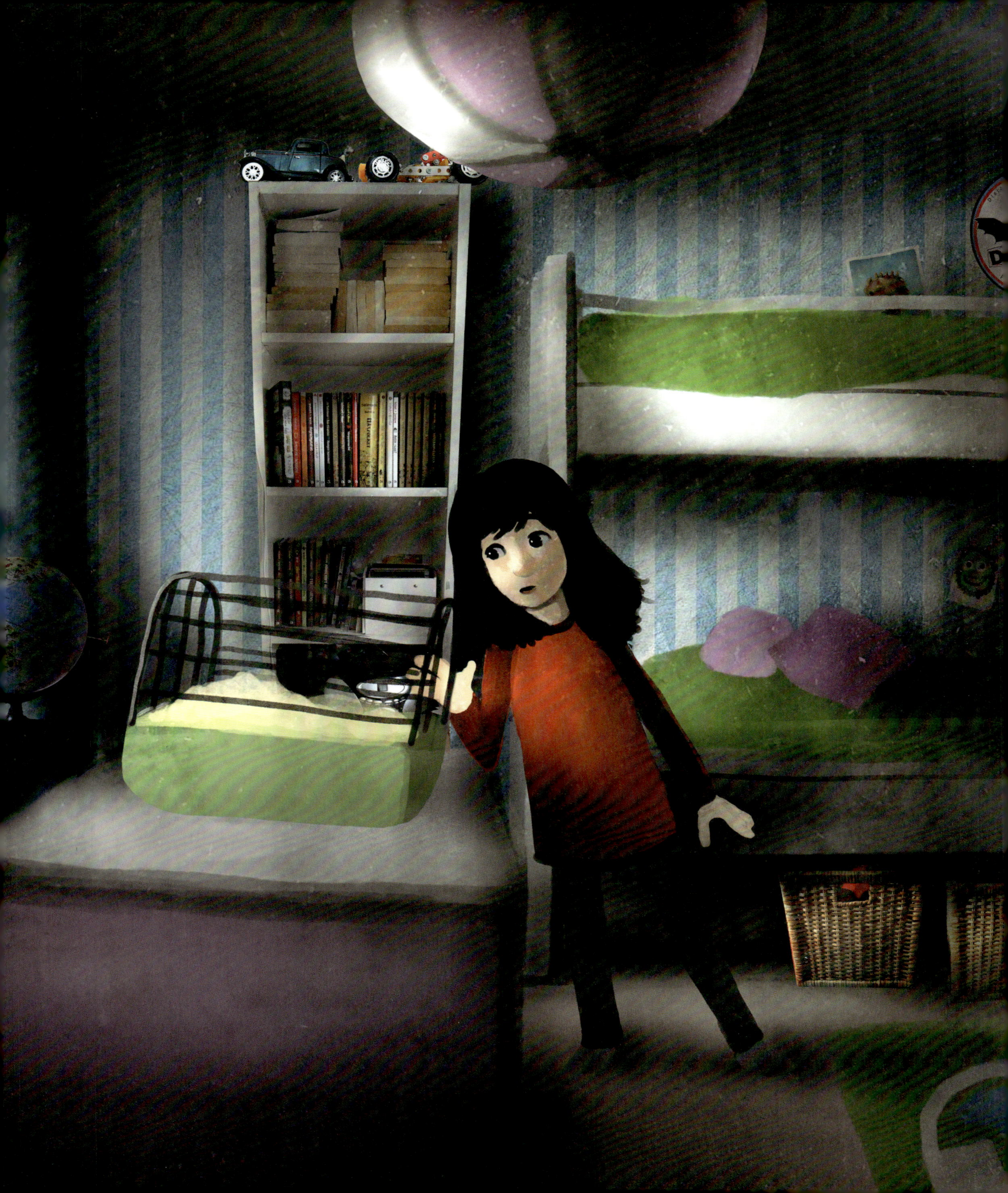

7

Da Oma bei uns zu Hause ist, findet Mama, dass ich nicht in den Hort zu gehen brauche. Und es ist natürlich gemütlich mit Oma. Trotzdem ist es irgendwie traurig, Maja und Leah über den Weihnachtsschmuck reden zu hören, den sie basteln wollen, wenn ich weg bin. Außerdem sind die beiden sauer auf mich, weil ich heute schon wieder nicht unseren Tanz mit ihnen üben kann.

»Können wir nicht morgen was Tolles zusammen machen?«, frage ich, nachdem ich mir Schuhe und Jacke angezogen habe.

»Na gut«, sagen sie.

Dann müssen sie ganz schnell Pfeifenreiniger, Pailletten und Glanzpapier holen und haben keine Zeit mehr, sich mit mir zu unterhalten.

Dass niemand zu Hause zu sein scheint, als ich unsere Wohnungstür öffne, macht es nicht besser. Es herrscht absolute Stille. Ich schaue überall nach, aber weder von Oma noch von Yusuf ist eine Spur zu entdecken. Schließlich gehe ich in Fadis Zimmer, um ein bisschen mit Blacky zu schmusen. Da sehe ich die Katastrophe: Der Käfig ist offen. Und Blacky ist verschwunden!

Ich durchkämme das ganze Zimmer. Ich wühle in den Kuscheltierbergen, den Schienen der Holzeisenbahn und im Legohaufen. Ich räume alle Bücher aus dem unteren Regalfach und sehe nach, ob sie sich dahinter versteckt. Doch sie ist wirklich nirgends. Also fange ich an, den Rest der Wohnung zu durchsuchen. Aber Blacky ist so klein, es gibt Tausende von Stellen, an denen sich ein Zwerghamster verkriechen kann. Als ich jemanden einen Schlüssel ins Schloss stecken höre, stürze ich zur Tür.

Es ist Oma, die Fadi vom Kindergarten abgeholt hat. Yusuf ist nicht dabei. Es ist seine Schuld, dass mein Hamster verschwunden ist, da bin ich mir ganz sicher.

»Oma!«, heule ich und werfe mich in ihre Arme. »Blacky ist weg! Yusuf muss mit ihr gespielt und dann vergessen haben, den Käfig zuzumachen, und jetzt kann ich sie nicht finden.«

Ohne die Schuhe auszuziehen, rast Fadi in sein Zimmer und schaut nach, ob Softy noch da ist. Das ist sie.

»Das liegt daran, dass sie mich so mag«, sagt er zufrieden.

Vor Wut und Verzweiflung weine ich noch lauter.

»Komm her, Schätzchen, du wirst sehen, wir finden sie wieder.« Oma nimmt mich in den Arm.

»Wo ist Yusuf?«, heule ich. Das ist alles SEINE Schuld, ich wünschte, er wäre nie hierhergekommen.

»Yusuf ist draußen. Er hilft dir suchen, sobald er reinkommt. Bist du sicher, dass du nicht selber vergessen hast, den Käfig zu schließen?«, fragt Oma.

Da werde ich auch auf sie wütend. So was würde ich NIEMALS vergessen. NIEMALS! Das Letzte, was ich heute Morgen vor der Schule getan habe, war nachzugucken, ob die Käfigtür zu ist. Ich vertraue nämlich nicht darauf, dass Fadi an solche Dinge denkt.

Dann durchsuchen wir zu dritt ein Zimmer nach dem anderen. Vielleicht hat Yusuf meinen Hamster in sein Zimmer gesperrt, um ihn für sich zu haben? Ich schleiche mich hinein und schaue nach. Obwohl es eigentlich mein Zimmer ist, habe ich ein bisschen das Gefühl, etwas Verbotenes zu tun.

Es scheint, als hätte Yusuf kaum Sachen mitgebracht. Auf meinen Nachttisch hat er einen dieser singenden Hamster gestellt, die man manchmal auf dem Flohmarkt findet. Er ist ganz schmutzig. Entweder sind die Batterien alle, oder er ist kaputt. Der Hamster fängt weder an zu singen noch zu tanzen, als ich draufdrücke. Auf meinem Schreibtisch liegt eine traurige Zeichnung von einer weinenden Frau in einem Herzen. Ich glaube, es ist seine Mama, denn ganz oben auf dem Bild steht MAMA. Und dann ist da noch ein zerknittertes Foto von einem Mann und einer Frau mit einem lachenden Kind am Strand.

Ich schaue es mir genauer an, um herauszufinden, ob Yusuf das Kind ist. Dann zucke ich zusammen, weil Oma aus der Küche nach mir ruft. Ich laufe schnell zu ihr, um zu sehen, ob sie Blacky gefunden hat.

Das hat sie nicht. Sie kniet vor dem Küchenschrank und verzieht das Gesicht, weil ihr der Rücken wehtut.

»Hilfst du mir, alle Töpfe rauszuholen? Vielleicht versteckt sich dein Hamster ja dahinter.«

Leider finden wir Blacky auch dort nicht. Fadi lässt Softy frei, damit sie nach ihrer Freundin schnüffeln kann. Und Softy flitzt sofort los und versteckt sich – beinahe hätten wir auch sie verloren.

Mittendrin geht die Tür auf, und Yusuf kommt herein.

»Du hast den Hamsterkäfig offen gelassen, und jetzt ist Blacky verschwunden, und das ist alles DEINE Schuld«, sage ich und merke, wie mir wieder die Tränen kommen. »Ich hatte sie doch noch nicht mal gezähmt.«

»Nein«, sagt Yusuf leise.

»Doch!«, brülle ich.

»Sie ist hier.«

Er öffnet seine Jacke und nimmt Blacky heraus.

Ich starre ihn an. Denn das hier ist ja fast noch schlimmer, als wenn er nur den Käfig offen gelassen hätte. Es ist kalt draußen, sie hätte erfrieren können! Oder sie hätte ihm entwischen und im Wald verschwinden können.

»Du bist verrückt«, sage ich.

Dann schnappe ich mir Blacky und bringe sie zu ihrem Käfig. Kaum ist sie in meinen Händen, da beginnt sie zu strampeln und zu beißen.

»Entschuldigung!«, ruft Yusuf mir hinterher. »Aber ich habe sie gebraucht.«

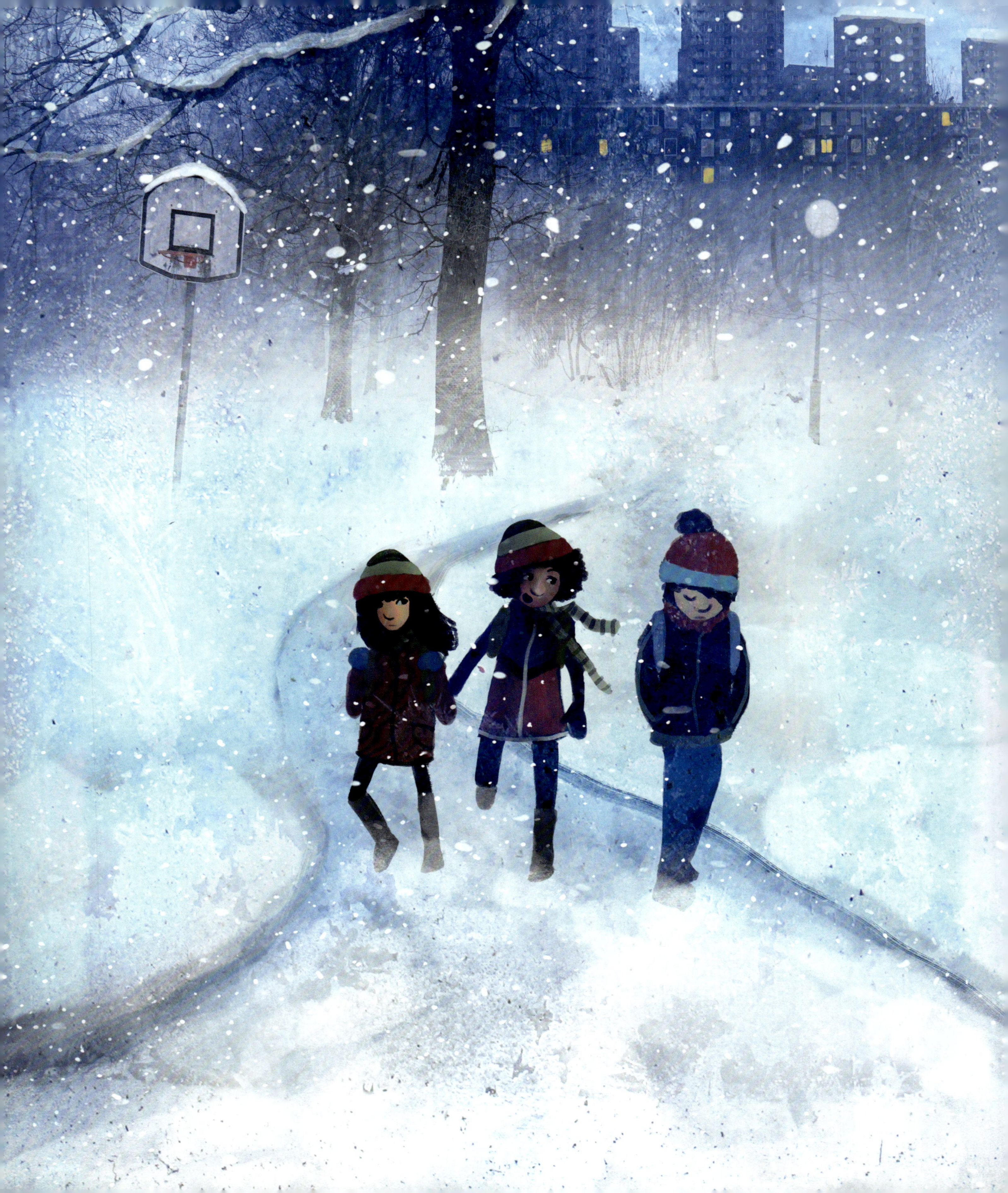

8

Obwohl in meinen Adventskalendertürchen meistens seltsame Sachen stecken, gebe ich die Hoffnung nicht auf, dass diesmal etwas drin ist, das ich mir wirklich gewünscht habe. Aber seit Yusuf jedes dritte Päckchen öffnen darf, scheint alles durcheinandergekommen zu sein. Ich merke ja, dass Oma unterschiedliche Geschenke für mich und Fadi ausgesucht hat.

Diesmal fällt ein kleines, rundes Ding aus dem Päckchen heraus. Zuerst halte ich es für eine komische Uhr. Aber als ich es in die Hand nehme, sehe ich, dass kein gewöhnliches Ziffernblatt darauf ist.

»Was ist das?«, frage ich Mama, die am Küchentisch sitzt und auf ihrem Laptop Zeitung liest.

Sie nimmt das Ding in die Hand und dreht es hin und her.

»Das ist ein Kompass. Damit du dich orientieren kannst, zum Beispiel, wenn du im Wald bist. Man kann die Himmelsrichtungen darauf erkennen. Wie schön, pass gut darauf auf!«

Sie gibt mir den Kompass zurück. Schön ist er wirklich, aber wann muss ich schon wissen, wo welche Himmelsrichtung ist? Unser Wald ist so klein, dass man immer eine Straße hört. Es ist nahezu unmöglich, sich darin zu verlaufen.

Leah gerät völlig aus dem Häuschen, als Yusuf und ich am Donnerstagmorgen zusammen in den Hof runterkommen. Yusuf soll heute zum ersten Mal mit uns zur Schule gehen. Ich habe keine Ahnung, wie das werden soll.

Zum Glück redet Leah so viel, denn Yusuf sagt überhaupt nichts.

»Wie gut, dass du ausgerechnet HEUTE mitkommst, wir backen nämlich Pfefferkuchen!«, sagt sie.

Dann stellt sie lauter Fragen, die mir auch schon durch den Kopf gegangen sind, die ich mich aber nicht zu fragen getraut habe:

»Wie lange wirst du bei Martha wohnen?«

»Weiß nicht.«

»Vermisst du deine Eltern? Ich würde vor Heimweh sterben, wenn ich allein in eine fremde Stadt ziehen müsste.«

»Ja.«

»Hast du viele Freunde in Malmö?«

»Nein.«

Am Ende gibt Leah auf. Man kann sich irgendwie nicht mit jemandem unterhalten, der immer nur mit einem einzigen Wort antwortet. Also reden wir beide über andere Dinge. Aber wenn Yusuf schweigend neben uns hergeht, ist es nicht so wie sonst.

Kaum sind wir in der Schule angekommen, rennt Leah zu Maja. Da ich Mama und Papa versprochen habe, mich um Yusuf zu kümmern und dafür zu sorgen, dass er sich nicht einsam fühlt, kann ich ihr nicht einfach hinterherlaufen.

Als die Schulglocke läutet und alle Richtung Eingang strömen, höre ich mehrere Leute grinsend sagen, ich hätte jetzt wohl einen Freund. Ich möchte ihnen ins Gesicht schreien, dass ich nur mit Yusuf zusammen bin, um nett zu sein. Besonders nett komme ich mir allerdings gar nicht vor. Eigentlich wünsche ich mir ja, dass er verschwindet, damit alles wieder so ist wie immer.

Aber er begleitet mich den ganzen Tag wie ein grauer Schatten. Seine Traurigkeit scheint auf mich abzufärben, denn es will niemand etwas mit uns zu tun haben. Am Morgen haben noch einige versucht, mit ihm ins Gespräch zu kommen, aber er hat kaum geantwortet, darum haben sie es inzwischen aufgegeben.

Als es Zeit für das Pfefferkuchenbacken ist, auf das ich mich so gefreut habe, landen Leah und Maja in einer anderen Gruppe als Yusuf und ich.

»Wie schön, dich in der Klasse zu haben«, sagt die Lehrerin zu Yusuf, als wir unsere Plätzchen mümmeln.

Mit dieser Meinung steht sie wohl alleine da, denke ich.

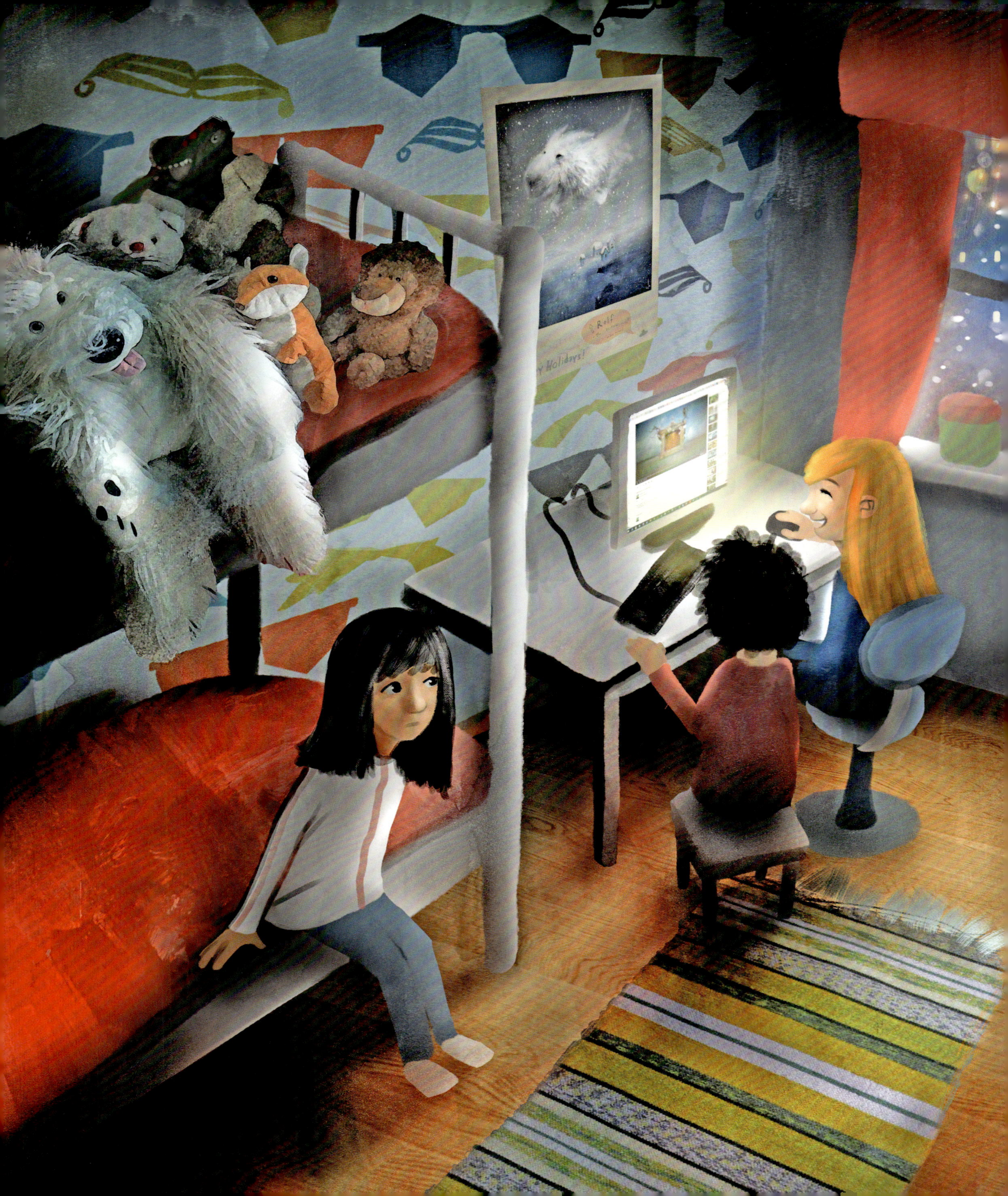
Rolf
Holidays!

9

Ich habe das Gefühl, leichter atmen zu können, nachdem Yusuf zu uns nach Hause abgebogen ist. Leah und ich gehen mit Maja in die andere Richtung. Maja wohnt in einem der Reihenhäuser direkt am Waldrand, deshalb ist es bei ihr immer am schönsten. Sie hat ein eigenes Zimmer und massenhaft Spielzeug. Außerdem kann man rausgehen und im Wald toben.

Doch als wir in Majas Zimmer sind, ist alles ganz anders als sonst. Maja und Leah bekommen einen Lachkrampf, weil anscheinend irgendetwas Lustiges passiert ist, als sie im Hort zusammen Pfefferkuchen gebacken haben. Ich versuche mitzulachen, obwohl ich nicht verstehe, was so witzig ist.

»Machst du heute gar nichts mit Yusuf?«, fragt Leah.

Sie sagt seinen Namen mit einem affigen Unterton, als ob ich verliebt in ihn wäre.

»Nee, ich mache ja was mit euch, das siehst du doch«, antworte ich.

Vielleicht wirke ich sauer, denn Leah und Maja sehen sich bedeutungsvoll an und fangen schon wieder an zu kichern.

»Oje, da ist aber jemand empfindlich«, sagt Maja im Tonfall einer Erwachsenen.

Dann wollen sie sich unendlich viele YouTube-Videos angucken.

»Sollen wir nicht lieber was spielen?«, frage ich. »Wir könnten die Kuscheltiere mit in den Wald nehmen und so tun, als wären sie vor bösen Trollen auf der Flucht.«

Wahrscheinlich hat kein Mensch in Schweden so viele Kuscheltiere wie Maja. Die obere Hälfte ihres Etagenbetts ist voll davon. Einige ihrer Stofftiere sind fast so groß wie wir. Sie tun mir leid, weil sie immer nur im Bett liegen und sich seit meinem letzten Besuch nicht bewegt haben.

»Draußen ist es doch kalt«, jammert Maja.

Ich stehe auf und beschließe, nach Hause zu gehen. Da entscheidet sich Leah um.

»Ich habe auch keine Lust mehr rumzusitzen. Los, kommt, lasst uns rausgehen! Die Kuscheltiere sollen eine Runde Schlitten fahren«, beschließt sie.

Es macht riesigen Spaß, mit den Kuscheltieren in einem Affenzahn den Rodelhang hinunterzurasen. Außerdem ist es spannend!

Am Ende bin ich beinahe überzeugt, dass im Wald Trolle lauern. Ich springe vor Schreck in die Höhe, als es im Unterholz knackt. Jetzt kommt bestimmt gleich einer der Trolle und verbeißt sich in Majas großen, weißen Tiger.

»Wir müssen tiefer in den Wald hinein und gefrorene Blaubeeren sammeln, sonst verhungere ich«, sage ich mit meiner Tigerstimme.

»Ich habe Schnee im Handschuh. Lasst uns reingehen und weiter YouTube-Videos gucken«, schlägt Leah vor.

»Ja!« Maja scheint sich zu freuen.

Das Spiel hat doch gerade erst angefangen, wir können doch jetzt nicht aufhören!, möchte ich am liebsten rufen. Doch die beiden stapfen bereits über die Wiese auf die Reihenhäuser zu. Maja lässt ihr großes Einhorn wie einen Müllsack über den Schnee schleifen.

Ich renne ihnen hinterher.

»Eigentlich muss ich sowieso nach Hause«, sage ich.

Ich warte darauf, dass sie mich bitten, noch ein bisschen zu bleiben, so wie sonst auch. Aber das tun sie nicht. Sie sagen nur:

»Alles klar, tschüs.«

Ich bekomme einen Kloß im Hals. Sind wir auf einmal keine besten Freundinnen mehr? Es fühlt sich irgendwie so an, als wäre es Yusufs Schuld. Aber ich kann nicht genau sagen, wieso.

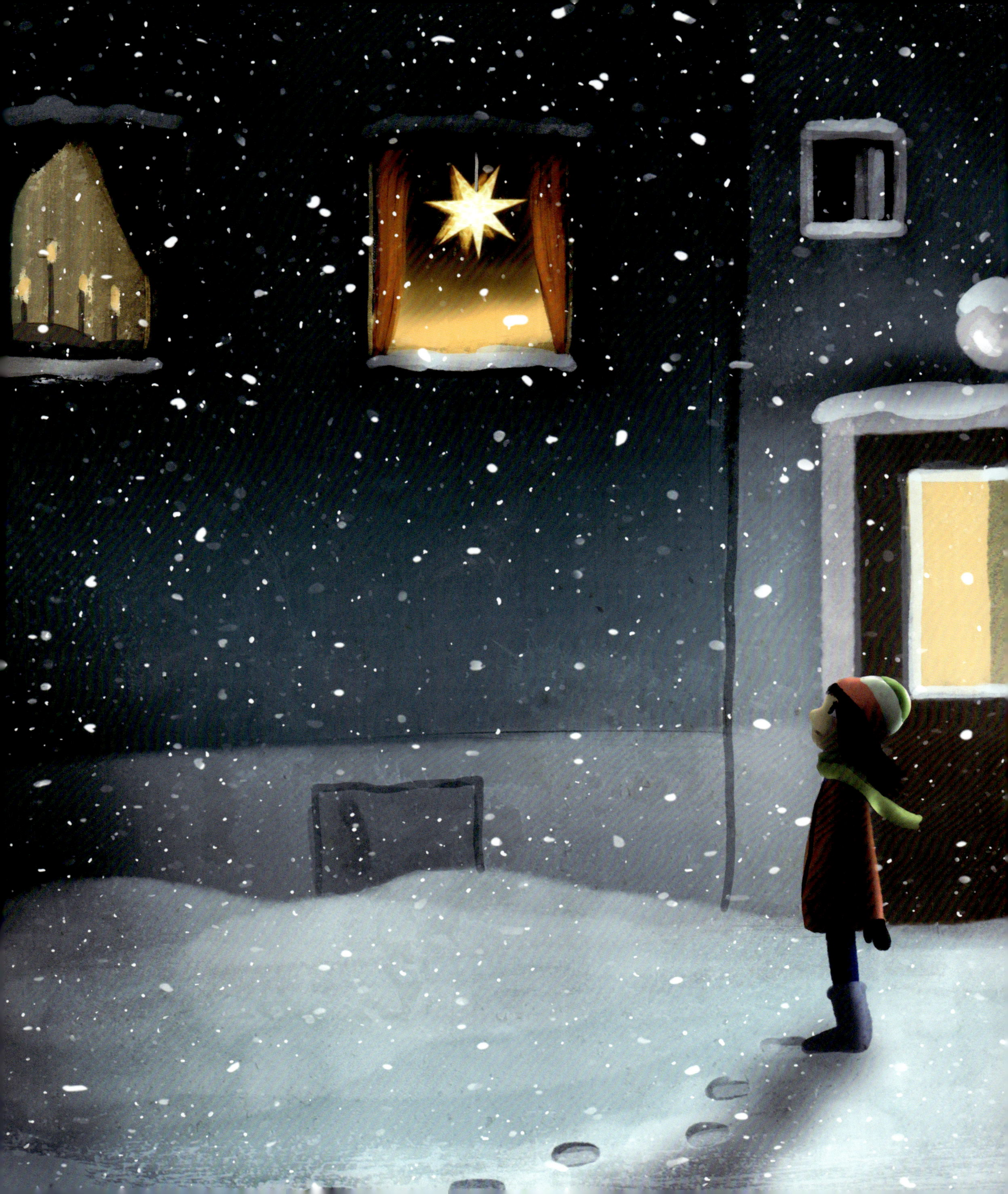

10

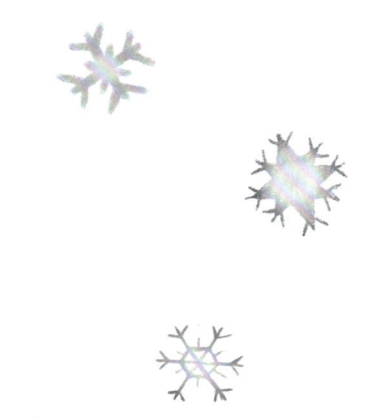

Zu Hause weiß ich nicht, was ich tun soll. Deshalb protestiere ich nicht, als Mama mich Milch kaufen schickt.

Unten im Hof werfe ich einen sehnsüchtigen Blick auf Leahs Haus. Bei ihr im Küchenfenster hängt ein leuchtender Stern. Ich habe schon unzählige Male in Leahs Wohnung in der Küche gesessen. Aber sobald ich überlege, zu ihr hinüberzugehen und zu klingeln, werde ich ganz traurig. Ich weiß noch, wie es gestern bei Maja war. Es kam mir fast so vor, als wäre es den beiden gleichgültig, ob ich da bin oder nicht. Leah kann ja zu mir kommen, wenn sie mit mir spielen will, sage ich mir.

Als ich vom Milchholen zurück bin, sitzt Fadi im Wohnzimmer auf dem Fußboden und guckt sich einen Spielzeugkatalog an. Er kreuzt alles an, was er sich zu Weihnachten wünscht – fast jedes Spielzeug im Katalog. Mama ist in der Küche und kocht Kaffee. Yusuf ist nirgendwo zu sehen, er hat sich wohl mal wieder in seinem Zimmer eingeschlossen.

»Heute musst du den Rattenkäfig sauber machen!«, sagt Mama.

»Das sind Hamster, Mama.«

»Wie auch immer, der Käfig stinkt und muss gereinigt werden. Wenn ihr euch nicht um die Tiere kümmert, geben wir sie zurück.«

»Kriegen wir dann Meerschweinchen?«, jubelt Fadi im Wohnzimmer.

Mein Bruder ist wirklich dumm. Als könnte man seine Hamsterfreundin einfach durch ein völlig fremdes Meerschweinchen ersetzen.

Die Käfigtüren sind geschlossen, und Softy knabbert an einem Hamster-Hamburger, den Fadi sich erbettelt hat. Blacky muss im Häuschen sein, denn sie ist nicht zu sehen. Ich setze Softy in den Hamsterball und hebe das kleine Haus an – doch es ist leer. Blacky ist nicht im Käfig!

Ich öffne die Tür zu meinem alten Zimmer, aber Yusuf ist nicht da.

»Mama!« Schreiend renne ich in die Küche. Hat Yusuf Blacky etwa wieder mit nach draußen genommen? Er weiß genau, dass er das auf keinen Fall tun darf!

»Beschuldige ihn nicht, bevor du nicht weißt, was los ist«, warnt mich Mama. »Vielleicht ist dein Hamster einfach abgehauen? Wahrscheinlich hat einer von euch beiden, Fadi oder du, die Käfigtür offen gelassen.«

Irgendwie habe ich trotzdem das Gefühl, dass Yusuf meinen Hamster mitgenommen hat. Und diesmal werde ich ihm nicht verzeihen.

Mir bleibt nichts anderes übrig, als mich zu ärgern und zu warten, bis Yusuf nach Hause kommt. Ich tigere zwischen Fadis Zimmer und der Küche auf und ab und zucke jedes Mal zusammen, wenn ich jemanden im Treppenhaus höre.

Nach einer gefühlten Ewigkeit geht unsere Wohnungstür auf, und Yusuf kommt herein. Seine Jacke ist zu, und die gewölbten Hände hält er vor seinen Bauch. Als er mich bemerkt, macht er ein so schuldbewusstes Gesicht, dass ich Blacky gar nicht zu sehen brauche, um zu wissen, dass er sie hat.

»Ich hab dir doch gesagt, dass du Blacky nicht mit nach draußen nehmen darfst. Das hab ich dir doch gesagt!«, rufe ich. »Es ist total gemein von dir, es trotzdem zu machen. Wieso bist du nur so egoistisch?«

Yusuf antwortet nicht. Er steht bloß reglos im Flur und zieht sich nicht einmal die Jacke aus.

»Sie könnte durch die Kälte sterben! Willst du das etwa?«, schreie ich so laut, dass Mama in der Küche »Pscht!« macht.

»Du darfst meinen Hamster nie wieder anfassen, hast du mich verstanden?«, fahre ich ein wenig leiser fort.

Da schaut er mich an.

»Komm, ich zeig dir was«, sagt er.

»Mit dir gehe ich nirgendwohin! Gib sofort den Hamster her! Blacky soll wieder in ihren Käfig, sie hat bestimmt Todesangst und friert wie verrückt.«

Da schüttelt er nur den Kopf.

Ich werde so wütend, dass ich ihn am liebsten schlagen möchte. Und ich will ihm ins Gesicht brüllen, dass ich ihn hasse. Aber ich habe versprochen, nett zu sein, und wenn ich mich nicht daran halte, bringt Mama die Hamster vielleicht zurück.

»Bitte, du musst mitkommen«, sagt er noch einmal. »Und Blacky muss auch dabei sein. Es geht um Leben und Tod.«

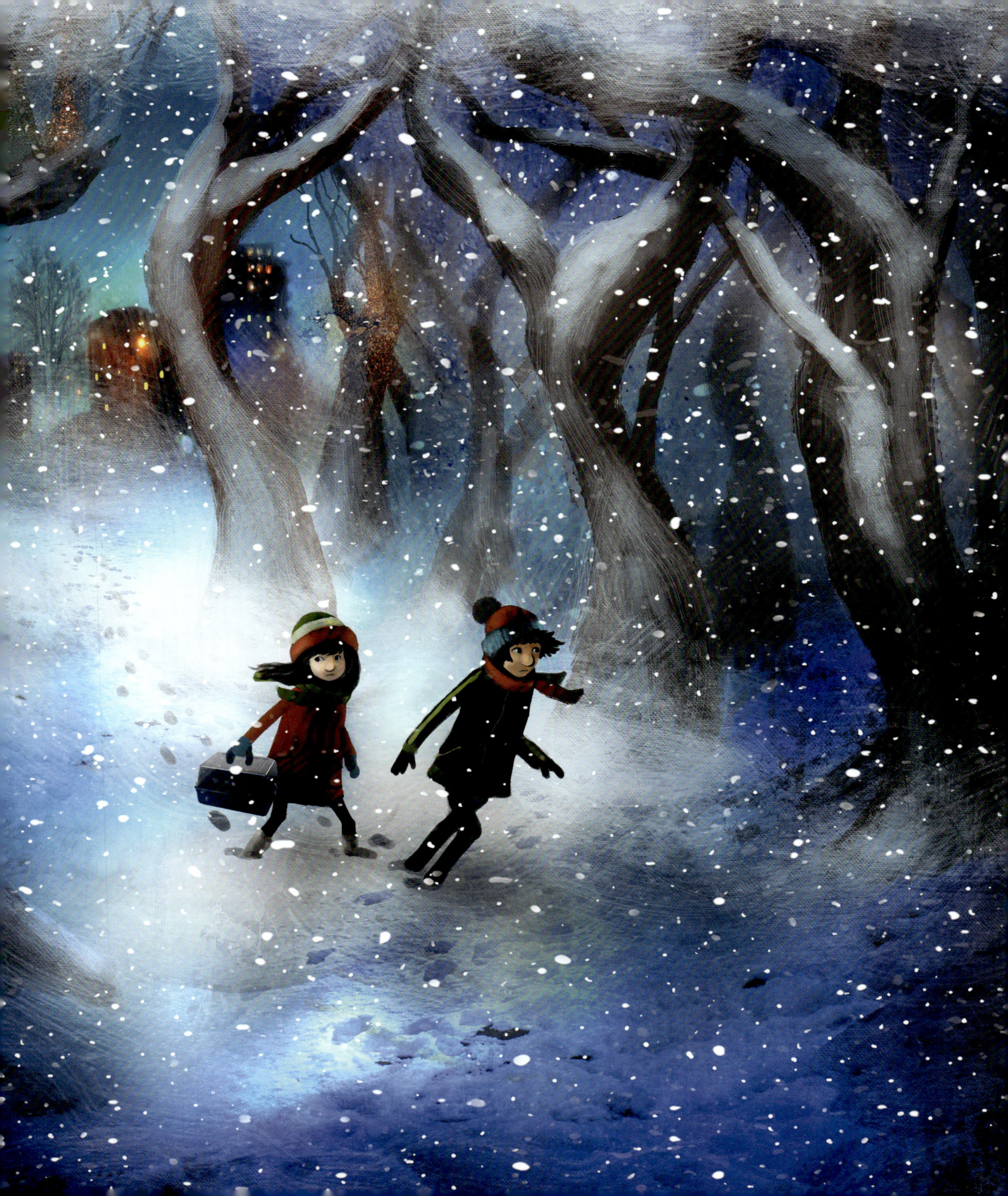

11

Yusuf läuft auf den Wald zu. Ich folge ihm, aber ich werde kein Wort mit ihm reden. Sobald er stehen bleibt, um auf mich zu warten, bleibe ich auch stehen. Ich kann es nicht ertragen, ihm zu nahe zu sein. Er ist ein Idiot, der glaubt, man könnte lebendige Tiere wie Spielsachen behandeln!

Unter unseren Schuhen knirscht der Schnee, und die Kälte kriecht in die Handschuhe. Der Wind fegt durch die Baumkronen, die Eichen rascheln mit ihren Ästen und lassen große Schneebatzen mit leisem Plumpsen auf den Boden fallen. Es ist fast dunkel, obwohl noch nicht Abend ist.

Wir gehen auf der beleuchteten Loipe, der Weg ist altbekannt – und irgendwie auch wieder nicht. Alles wirkt plötzlich bedrohlich. Als es im Wald knackt, bekomme ich solche Angst, dass ich zu Yusuf renne und vergesse, wütend auf ihn zu sein. Wir sehen uns an und denken vielleicht beide an genau dasselbe – an den Troll in Omas Buch. Als die Tannenzweige im Wind rascheln, spähe ich zwischen die Kiefern. Es sieht so aus, als würden mich von dort blitzende Augen anschauen. Mir läuft eine Gänsehaut über den Rücken, und ich gehe schneller. Doch dann spüre ich das schwere Trollkreuz auf meiner Brust, und das beruhigt mich ein wenig.

Blacky habe ich in den Transportkäfig gesetzt, den ich vorher mit

Unmengen von Sägespänen ausgepolstert habe, damit sie nicht friert. In letzter Sekunde habe ich auch noch eine leere Rolle Klopapier hineingeworfen. Hamster müssen sich verstecken können. Aber Blacky verhält sich ganz anders als sonst. Anstatt sich in der Papprolle einzumummeln, sitzt sie auf den Hinterbeinen und horcht. Ihre Schnurrbarthaare zittern.

»Wo wollen wir eigentlich hin?«, frage ich.

Yusuf antwortet nicht.

Als wir beim Vorratshaus am Fluss ankommen, bleibt er stehen und sieht mich ernst an.

»Traust du dich, mich zu begleiten?«

Offenbar will er, dass wir in das Häuschen hineingehen. Ich komme mir kein bisschen mutig vor, versuche aber trotzdem, einen unerschrockenen und genervten Eindruck zu machen.

»Da war ich schon öfter drin. Es gibt dort nichts zu sehen. Nur Müll.«

»Das wollen sie uns bloß glauben machen«, sagt Yusuf.

»Wer?«

Aber er antwortet nicht. Im Transportkäfig raschelt es. Als ich hineinschaue, steht Blacky auf den Hinterbeinen und sieht mich mit ihren schwarzen Augen direkt an.

»Sie friert«, sage ich.

Yusuf schüttelt den Kopf.

»Sie ist kein gewöhnlicher Hamster. Komm!«

Dann rutscht er den Abhang zum Fluss hinunter. Ich hole tief Luft und folge ihm.

Die Öffnung des Vorratshäuschens sieht wie ein schwarzes Maul aus. Dort hineinzugehen ist das Allerletzte, was ich gern tun würde.

Ich leuchte den schmutzigen, kleinen Raum mit meiner Taschenlampe aus. Seit Leah, Maja und ich hier waren, hat sich nichts verändert. Es sieht nur noch unheimlicher aus.

Ich stelle Blackys Käfig auf die Erde.

»Wir brauchen einen Schlüssel, glaube ich«, sagt Yusuf und deutet mit einer Kopfbewegung auf die Tür, die an der Wand lehnt. »Hast du ihn dabei?«

»Nö …«, sage ich unsicher.

Wieso sollte ich denn den passenden Schlüssel haben? Und was soll man überhaupt mit einem Schlüssel zu einer Tür anfangen, die nirgendwohin führt?

Ich stecke die Hände in die Jackentaschen, um mich aufzuwärmen. Und da spüre ich ihn – den Schlüssel aus dem Adventskalender. Von dem ich nicht wusste, wo er hineinpasst.

»Ist es vielleicht dieser?«

Höchst zufrieden mit mir selbst reiche ich Yusuf den Schlüssel.

Er nimmt ihn in die Hand und sieht ihn sich sorgfältig an. Dann hält er ihn Blacky hin, die interessiert daran schnuppert.

»Ja«, sagt er schließlich. »Er ist es.«

Ich habe so viele Fragen, dass ich nicht weiß, wo ich anfangen soll. Allerdings habe ich Yusuf immer noch nicht richtig verziehen, dass er Blacky mitgenommen hat. Er will sich bestimmt nur wichtigmachen, denke ich. Andererseits bin ich zu neugierig, um ihn hier einfach sich selbst zu überlassen und nach Hause zu gehen.

Yusuf zieht die Handschuhe aus. Dann streckt er den Daumen in die Höhe und schaut mich ernst an.

»Schwöre hoch und heilig, dass du keiner Menschenseele davon erzählst«, sagt er.

Ich seufze übertrieben laut und lasse meine Hände in den Taschen.

»Schwöre!«, wiederholt er streng.

»Ich schwöre.« Ich drücke meinen Daumen an seinen.

Dann warte ich. Aber er sagt nichts weiter, er scharrt bloß mit dem Fuß auf der Erde.

»Jetzt komm schon, erzähl!«, sage ich ungeduldig.

»Also … es klingt richtig verrückt, aber … es geht um meine Eltern. Sie sind in einer anderen Welt gefangen. Das Tor, das zu uns führt, ist abgeschlossen.«

»Eine andere Welt? Ach, hör doch auf!«, sage ich. »Soll diese andere Welt etwa im Vorratshaus sein?«

Ich lache spöttisch, aber er sieht mich noch immer ernst an.

»Nein, aber hier befindet sich das Tor. Und wir müssen es für sie öffnen. Als ich Blacky zum ersten Mal gesehen habe, wusste ich sofort, dass der magische Eingang irgendwo in der Nähe sein muss.«

Ich habe Yusuf noch nie so viel reden hören. Eigentlich ist das, was er sagt, total seltsam. Aber der Wald hat heute wirklich etwas Verzaubertes an sich. Maja und Leah glauben, dies wäre ein normales Vorratshaus, doch ich habe immer geahnt, dass es ein besonderer Ort ist. Er hat etwas Unheimliches und Fremdartiges an sich. Sogar der Geruch hier drinnen ist merkwürdig. Irgendwie wild.

Vielleicht hat der Wald in Omas Buch nicht nur Ähnlichkeit mit unserem Wald, vielleicht IST es unser Wald. Ein uralter Wald voller Riesen, Trolle und Hexen.

Ich stelle mich vor die Öffnung und warte, bis Yusuf den Schlüssel ins Schloss steckt.

Insgeheim hoffe ich, dass etwas Magisches passiert – dass etwas explodiert, ein Licht aufleuchtet oder wenigstens ein Geräusch zu hören ist. Aber in dem Vorratshaus ist alles wie vorher.

»Doch keine magische Tür, was?«, sage ich.

Yusuf dreht sich um. Enttäuscht wirkt er nicht gerade.

»Glaub, was du willst. Ich weiß, dass dies der richtige Eingang ist, Blacky hat mir den Weg gezeigt. Wir haben das Tor nun geöffnet, aber meine Eltern können nur nachts in unsere Welt gelangen.«

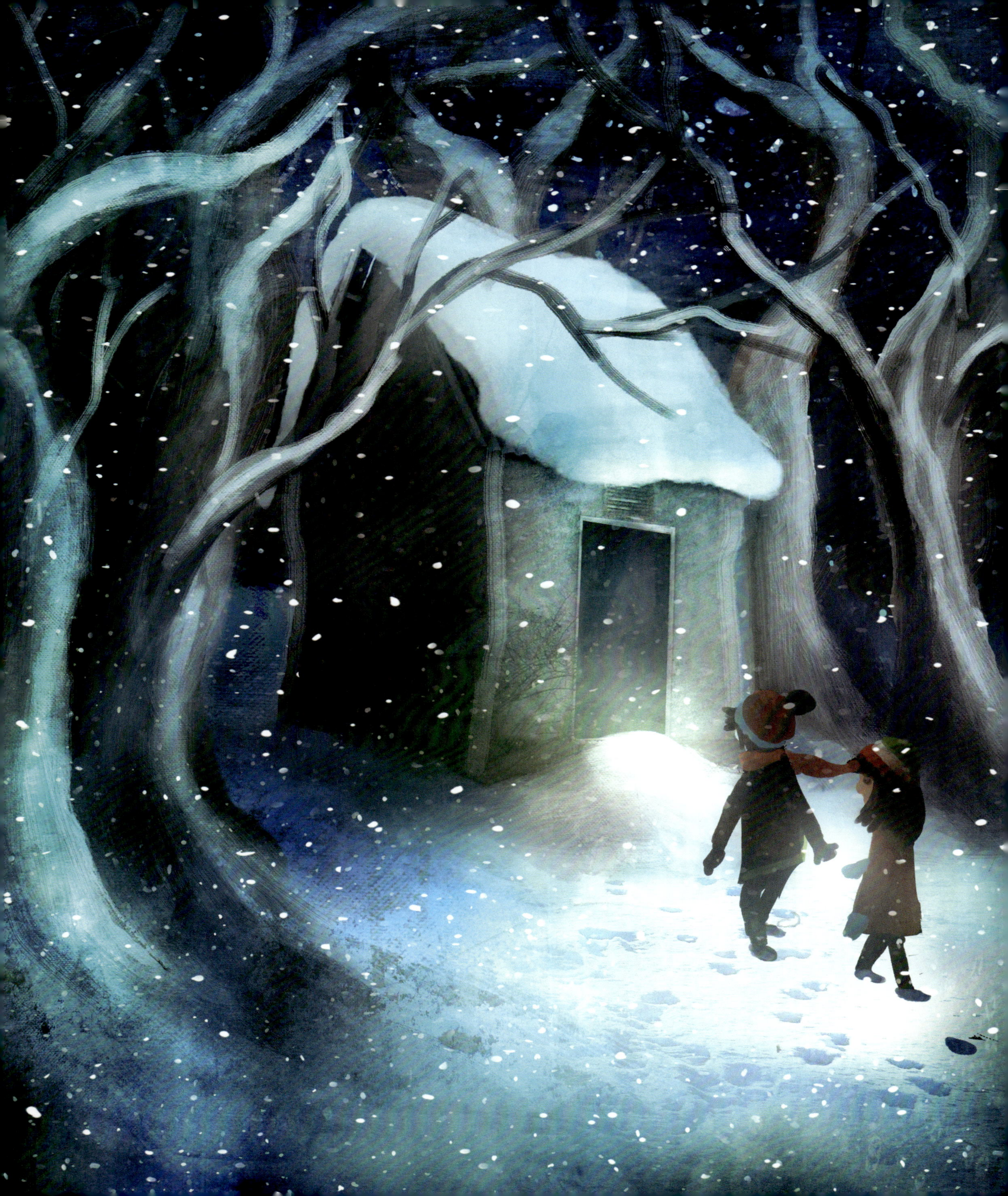

12

»Kommst du nach der Schule mit zu mir?«, fragt mich Leah in der Mittagspause. »Ich habe ein Fünfkronenstück unter meinem Bett gefunden, wir können also zum Tabakladen gehen und uns diese Kaugummis kaufen, von denen man eine blaue Zunge bekommt.«

Eigentlich würde ich das natürlich gern. Denn Leah und Maja waren heute beide richtig nett zu mir und haben überhaupt nicht über mich gelacht, wenn ich irgendwas nicht gleich kapiert habe.

Trotzdem möchte ich heute nach der Schule lieber mit Yusuf in den Wald gehen. Ich bin zwar nach wie vor sauer auf ihn, weil er Blacky einfach mitgenommen hat, aber meine Neugier überwiegt. Wenn diese Tür nun tatsächlich magisch ist?

»Ich kann nicht«, sage ich darum. »Yusuf und ich haben schon was vor.«

»Was denn?«

»Das darf ich nicht verraten.«

Ich sehe Leah an, wie enttäuscht sie ist, weil sie auf diese ganz bestimmte Art ihre Lippen zusammenkneift.

Ich wünschte, Yusuf würde neben mir stehen und ernst nicken. Dann würde sie begreifen, dass ich die Wahrheit sage, und mir nicht lauter Sachen ausdenke, um mich wichtigzumachen. Aber sobald Pause ist, zieht sich Yusuf mit einem Buch in die Leseecke zurück. Heute hat er wieder den ganzen Tag mit niemandem geredet. Auch zu mir hat er kaum ein Wort gesagt.

Es scheint zwei verschiedene Yusufs zu geben: einen Schul-Yusuf, der still und langweilig ist, und einen Wald-Yusuf, der lauter spannende Dinge erzählt. Aber da Leah den spannenden Yusuf noch nie getroffen hat, versteht sie wahrscheinlich nicht, warum ich lieber was mit ihm machen will. Nicht einmal im Hort ist er mit uns anderen zusammen. Er schaut nur kurz in den Raum hinein, in dem wir sitzen und Weihnachtsschmuck basteln, aber dann verzieht er sich wieder in die Leseecke.

Auf dem Weg Richtung Leseecke macht er auch etwas Seltsames. Als er an der Wollkiste vorbeikommt, nimmt er sich ein Wollknäuel heraus. Außerdem schnappt er sich im Vorbeigehen noch ein paar Wachsstifte von einem Tisch.

»Hat er die Sachen gerade geklaut?«, fragt Leah mit aufgerissenen Augen.

Ich weiß nicht, was ich darauf antworten soll. Klauen ist auf keinen Fall okay. Aber ich will nicht, dass Leah ihn verpetzt, deswegen zucke ich mit den Schultern.

»Er möchte eben alleine herumbasteln«, sage ich.

»Mit Wachsmalern und einem Wollknäuel? Was soll denn das werden?«

Ich habe keine Ahnung, was er mit der Wolle vorhat. Nach einer Weile tue ich so, als müsste ich mal aufs Klo. Dann schleiche ich mich hinüber zur Leseecke, um ihn zu beobachten. Er ist wieder in ein Buch versunken. Was er mit den gestohlenen Sachen gemacht hat, weiß ich nicht.

»Wir nehmen was zu essen mit«, beschließt Yusuf, während wir nach Hause eilen.

»Warum denn das?«, frage ich.

Ich habe ein wenig Angst, er könnte vorschlagen, dass wir im Vorratshaus übernachten oder irgendwas anderes Verrücktes machen.

»Für meine Eltern, die haben bestimmt einen Riesenhunger.«

Ich finde das ein wenig übertrieben, aber ich sage nichts. Er glaubt anscheinend wirklich, dass seine Eltern durch die Tür gekommen sind.

Trotzdem krame ich zu Hause eine alte Packung Kekse aus dem Schrank und packe sie in den Rucksack.

Aber als er sagt, dass er Blacky mitnehmen will, protestiere ich.

»Es ist nicht gut für sie, bei dieser Kälte draußen zu sein! Sie hat doch noch gar kein richtiges Fell, sondern nur einen feinen Flaum.«

»Sie muss mitkommen«, sagt Yusuf stur. »Sie kann sich ja in meine Fäustlinge kuscheln, um sich warm zu halten.«

»Warum muss sie denn unbedingt dabei sein?«

»Das wirst du sehen, wenn wir dort sind«, sagt Yusuf.

Und da gebe ich es auf, ihm zu widersprechen.

Zum Glück liegt richtig viel Schnee, und alles schimmert weiß. Ohne den Schnee wäre es im Wald so dunkel, dass ich mich kaum trauen würde, darin herumzulaufen. Die Loipe ist zwar beleuchtet, aber der Schein der großen Laternen reicht nicht bis unter die Bäume. Am Himmeln funkeln Millionen von Sternen.

Als wir durch den knirschenden Schnee stapfen und die Luft, die wir ausatmen, wie weiße Rauchwolken aussieht, kommt mir der Wald plötzlich riesig vor. Beinahe unendlich. Ich höre keine Autos. Ich sehe die Lichter der benachbarten Vororte nicht mehr hinter den Bäumen. Der ganze Wald scheint verzaubert zu sein.

»Glaubst du, sie sind hier?«, frage ich, als wir am Vorratshaus ankommen.

Da mir auf einmal alles so geheimnisvoll erscheint, würde es mich eigentlich nicht wundern, wenn Yusufs Eltern tatsächlich bibbernd im Vorratshaus säßen. Sie hätten ja keine Ahnung, wo sie hier gelandet sind.

Yusuf beißt sich auf die Lippe.

»Ich weiß nicht. Aber Blacky wird spüren, ob sie hier waren oder nicht. Tiere merken so was.«

Diesmal ist es nicht unheimlich, sondern eher feierlich, in das Vorratshaus hineinzugehen. Doch drinnen sieht alles genauso aus wie beim letzten Mal. Yusuf holt Blacky aus dem Transportkäfig. Sie setzt sich auf die Hinterbeine und schnuppert, dann putzt sie sich die Schnurrbarthaare. Nach einer Weile möchte sie zurück in den Käfig.

»Nein«, sagt Yusuf. »Meine Eltern sind noch nicht gekommen. Wir lassen ihnen die Kekse hier. Schade, dass wir nicht auch eine Flasche Wasser mitgebracht haben.«

Da fällt mir etwas ein. Vom Dach hängen lange, glitzernde Eiszapfen. Ich breche zwei ab und lege sie neben die Kekspackung.

»So, wenn sie Durst haben, können sie an den Eiszapfen lutschen.«

»Schlau«, sagt Yusuf.

Dann wühlt er tief in seiner Jackentasche. Schließlich angelt er eine kleine Schere und das Wollknäuel heraus, das er im Hort gemopst hat.

»Jetzt müssen wir bis zu eurem Haus Wollfäden aufhängen, damit sie den Weg finden, wenn sie hier angekommen sind.«

Yusuf ist auch schlau, denke ich. Das ist mir bisher gar nicht aufgefallen.

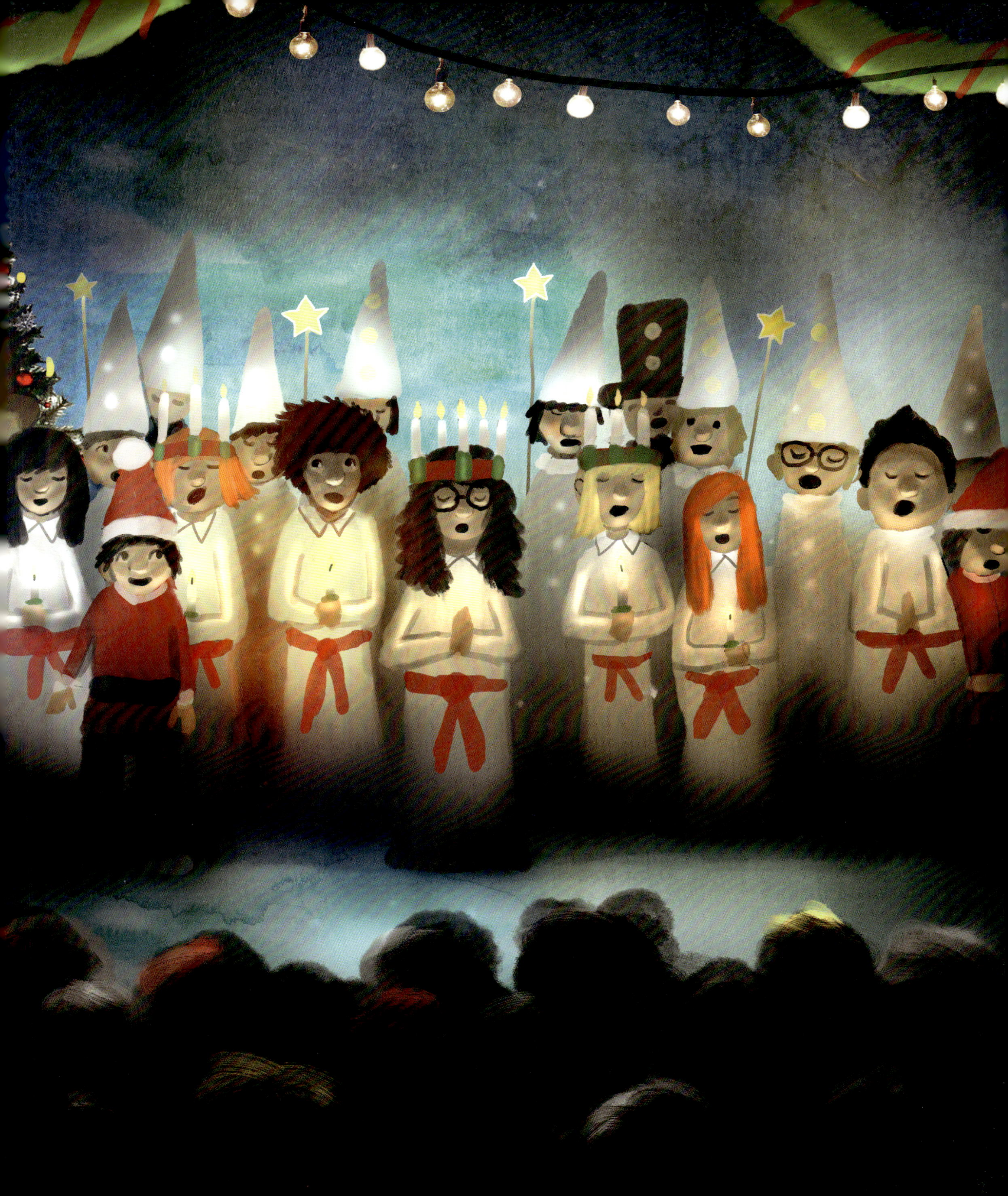

13

Abgesehen von Weihnachten ist Lucia mein Lieblingsfest im Winter. In der Schule wird das Licht nicht eingeschaltet, nur in den Fenstern brennen Kerzen.

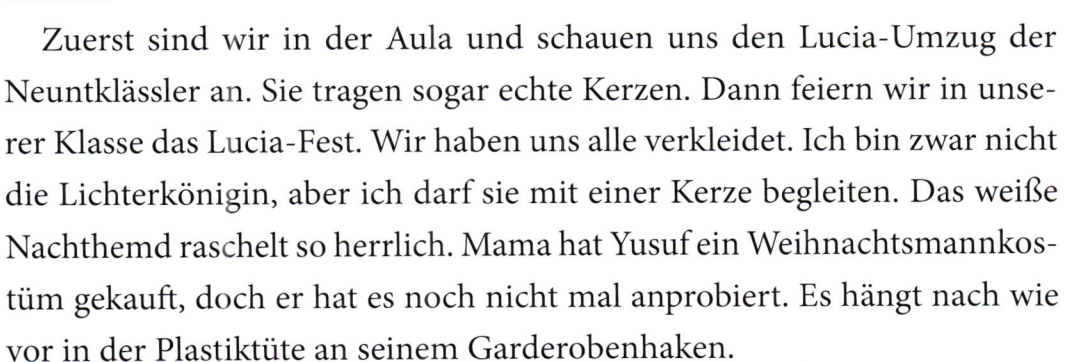

Zuerst sind wir in der Aula und schauen uns den Lucia-Umzug der Neuntklässler an. Sie tragen sogar echte Kerzen. Dann feiern wir in unserer Klasse das Lucia-Fest. Wir haben uns alle verkleidet. Ich bin zwar nicht die Lichterkönigin, aber ich darf sie mit einer Kerze begleiten. Das weiße Nachthemd raschelt so herrlich. Mama hat Yusuf ein Weihnachtsmannkostüm gekauft, doch er hat es noch nicht mal anprobiert. Es hängt nach wie vor in der Plastiktüte an seinem Garderobenhaken.

In der Klasse essen wir die Safrankringel und die Pfefferkuchen, die wir selbst gebacken haben. Leah, Maja, Yusuf und ich sitzen am selben Tisch. Ich gewöhne mich allmählich daran, dass er in der Schule immer dabei ist. Und es stört mich nicht mehr, dass er fast nie etwas sagt.

Nach der letzten Unterrichtsstunde kommt Mama in die Schule. Sie sieht gestresst aus und sagt, sie müsse mit Yusuf zur Einwanderungsbehörde.

»Willst du mit? Oder bleibst du lieber im Hort?«, fragt sie.

Ich weiß nicht, was sie bei der Einwanderungsbehörde vorhaben, aber weil es nach keinem besonders spannenden Ort klingt, bleibe ich in der Schule. Da Maja auch schon früh nach Hause gegangen ist, sitzen Leah und ich allein in der Leseecke.

Ich habe Omas und mein Buch mitgebracht. Eigentlich wollte ich unsere Lehrerin fragen, ob der Wald im Buch unser Wald sein könnte, denn sie weiß alles über unsere Gegend. Es hat sich aber keine günstige Gelegenheit ergeben, daher gucken Leah und ich uns das Buch jetzt allein an.

Wir haben noch Glitzer im Haar, obwohl das juckt, und wir haben so viele Safrankringel gegessen, dass wir uns kaum noch bewegen können. Alles scheint so wie immer zu sein.

»Oh, wie sehr ich wünschte, solche Dinge gäbe es wirklich«, sagt Leah verträumt. »Also, Tore in andere Welten und Werwölfe und so. Dann wäre es zwar superunheimlich, in den Wald zu gehen, aber trotzdem … Findest du nicht auch, dass manchmal alles total öde ist?«

Ich brenne darauf, ihr zu erzählen, was Yusuf und ich im Wald erleben: dass seine Eltern bald durch ein magisches Tor kommen und wir Wollfäden an die Zweige von Kiefern, Birken und Eichen geknotet haben, bis wir unsere steif gefrorenen Finger kaum noch bewegen konnten. Ich weiß nämlich, wie gerne Leah dann dabei wäre. Sie würde sich keine Sekunde langweilen und lieber reingehen und YouTube-Videos angucken wollen.

Ich beiße mir auf die Zunge und zeige auf ein Bild im Buch.

»Sieht das nicht aus wie in unserem Wald?«

»Hm … wirklich«, sagt Leah. »Schau mal, hier steht, woran man erkennt, welche Steine in Wirklichkeit Trolle und Riesen sind.«

»Sollen wir nach der Schule in den Wald gehen und versuchen, welche zu finden?«

Denn Yusuf ist ja nicht zu Hause. Und er hat nur gesagt, ich soll unser

Geheimnis niemandem VERRATEN – aber nicht, dass ich mit niemanden außer ihm in den Wald darf.

»Bist du sicher, dass sie nicht erfriert?«

Leah wirft einen Blick in den Transportkäfig, in dem Blacky in der Klopapierrolle herumwuselt.

Vielleicht ist es dumm von mir, Blacky mitzunehmen. Aber mit ihr zusammen fühle ich mich sicherer, wenn wir nach richtigen Trollen und Riesen suchen. Sie spürt schließlich Dinge, die wir Menschen nicht sehen.

»Ach, was. Yusuf und ich haben sie schon öfter mitgenommen. Es ist immer gut gegangen.«

»Ich verstehe trotzdem nicht, wieso du deinen Hamster in den Wald mitschleppst«, sagt Leah.

Eigentlich wollen wir ja Trollsteine suchen. Aber ich möchte so gerne wissen, ob Yusufs Eltern gekommen sind. Ich halte es nicht aus, zu warten, bis Yusuf dabei ist. Wenn jemand die Kekse aufgegessen hat, MÜSSEN sie ja angekommen sein. Vielleicht haben sie nicht verstanden, dass sie den Wollfäden folgen sollen. Vielleicht hocken sie im Vorratshaus und erfrieren, wenn wir nicht nach ihnen schauen?

»Ist es okay, wenn wir als Erstes zum Vorratshaus gehen?«, frage ich.

»Klar«, sagt Leah und hakt gar nicht erst nach, wieso ich dorthin möchte. Sie will immer an die unheimlichsten Orte, denn Leah hat vor gar nichts Angst.

Der Abhang, der zu dem Bach hinunterführt, ist so vereist, dass wir auf dem Hintern hinunterrutschen müssen. Leah holt sich versehentlich einen nassen Fuß, als sie mit ihrem Stiefel durch das Eis bricht.

Sobald wir im Vorratshaus sind, sehe ich es: Die Kekspackung ist umgefallen, und davor liegt ein angeknabberter Keks! Ich schnappe nach Luft und packe Leah am Arm. Sie muss kichern.

»Mann, hast du mich erschreckt. Was ist denn, hast du einen Troll entdeckt?«

Ich habe keine Zeit zu antworten, sondern hole Blacky aus dem Käfig, damit sie mir ein Zeichen gibt. Ich will unbedingt wissen, ob Yusufs Eltern gekommen sind. Blacky beißt mir in den Finger und versucht, mir zu entwischen, deshalb setze ich sie wieder in den Käfig. Vielleicht kann nur Yusuf verstehen, was sie sagen will.

»Jetzt bist du total seltsam.« Leah macht einen Schritt auf die Öffnung zu. »Also, ich erfriere fast, lass uns gehen.«

Nun kann ich es nicht länger aushalten. Ich muss es Leah erzählen! Sie ist doch meine beste Freundin, wir kennen uns bereits seit dem Kindergarten. Das Geheimnis liegt mir auf der Zunge und will endlich raus. Aber ehe ich dazu komme, den Mund aufzumachen, ist sie schon verschwunden. Von draußen höre ich sie rufen:

»Lass uns lieber zu Hause weiterspielen. Außerdem habe ich ein paar superlustige YouTube-Videos entdeckt, die du unbedingt sehen musst.«

Plötzlich ist das Vorratshäuschen kein bisschen geheimnisvoll mehr. Nur noch dreckig und ein wenig eklig.

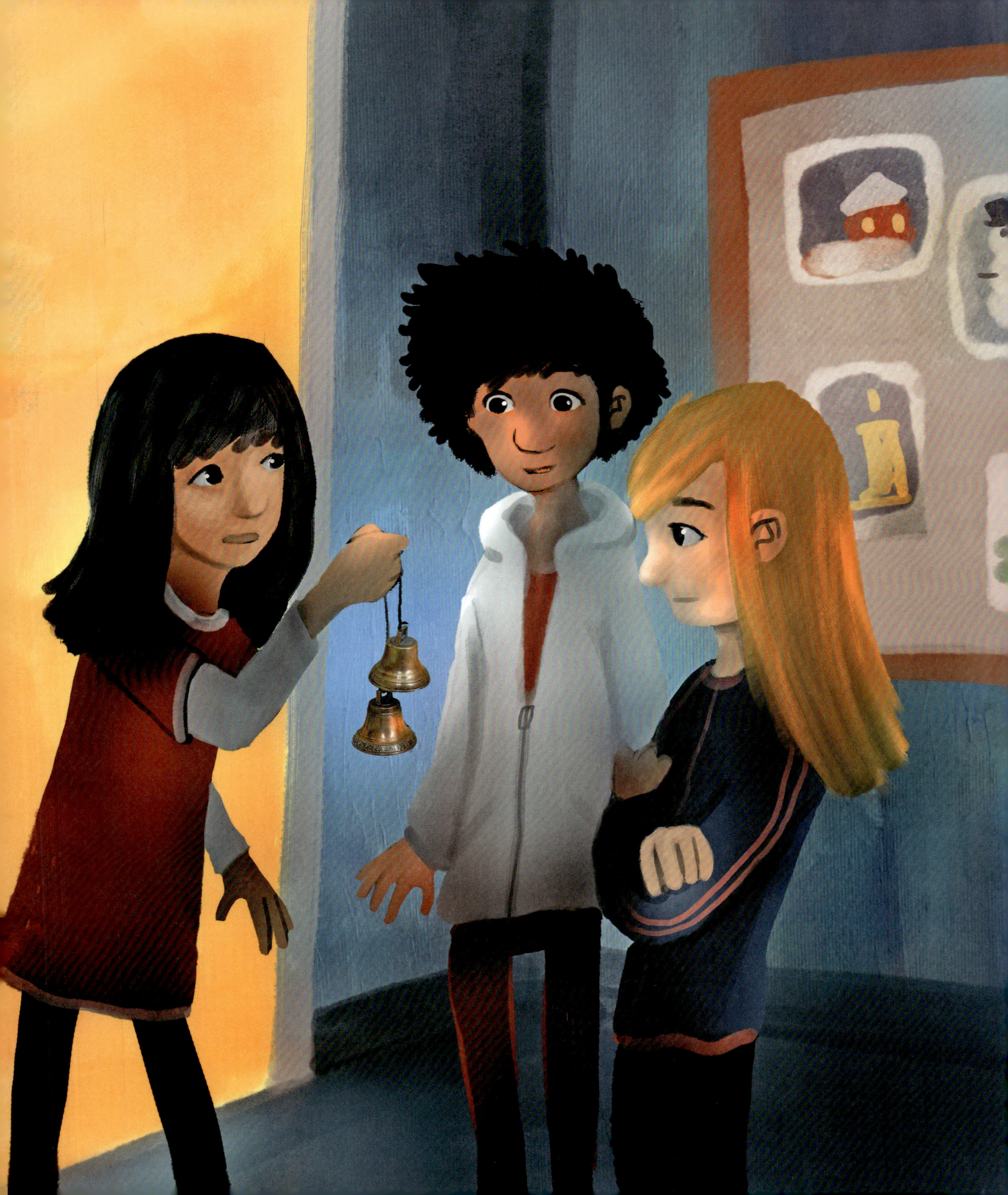

14

»Was hast du da?«, fragt Leah am nächsten Tag im Hort.

Ich halte die beiden Glöckchen hoch, die am Morgen für mich im Adventskalender waren. Ich habe sie schon den ganzen Tag in der Tasche. Sie sind schwer und sehen irgendwie alt aus. Vielleicht sind sie ja aus echtem Gold!

»Trägt man die im Haar?«, fragt Maja.

»Nein«, sage ich. »Dafür sind sie viel zu schwer.«

»Vielleicht hängt man sie in den Tannenbaum«, schlägt Leah vor.

Ich schüttele den Kopf.

»Was soll man dann mit ihnen machen?«, fragt Maja.

»Muss man denn unbedingt etwas Bestimmtes mit ihnen machen können? Es reicht doch, dass sie schön sind.« Ich stecke die Glöckchen wieder ein.

Im Grunde frage ich mich jedoch das Gleiche. Was soll ich mit den Sachen anfangen, die Oma mir in den Adventskalender gepackt hat?

»Du kriegst wirklich komische Geschenke«, sagt Maja. »Ich habe dieses Jahr schon richtig gute Dinge bekommen. Einen Lippenbalsam, der nach Fanta riecht, Haarspangen und …«

Ich habe keine Lust, mir die ganze Aufzählung anzuhören. Manchmal ist Maja nervig.

»Komm jetzt, wir müssen üben!«, sagt Leah ungeduldig.

Bei ihr zu Hause gibt es überhaupt keinen Adventskalender.

Wir ziehen uns in die Leseecke zurück, um unseren Tanz zu proben. Schon morgen sollen wir ihn vorführen. Doch kaum haben wir die Musik eingeschaltet, da schaut Carina, unsere Erzieherin, herein.

»Martha! Deine Mutter hat angerufen. Du sollst zusammen mit Yusuf nach Hause gehen.«

»Aber wir müssen doch proooben«, stöhnt Leah.

»Yusuf soll schon mal alleine los, ich komme nach«, beschließe ich. »Er kennt den Weg.«

»Nein, ihr sollt beide nach Hause kommen«, sagt Carina. »Die Probe müsst ihr auf morgen verschieben.«

»Morgen treten wir doch schon auf!«, protestiert Leah.

Schwer seufzend gehe ich in den Flur. Ich höre noch, wie Leah und Maja darüber reden, dass sie ohne mich üben wollen.

»Vielleicht treten wir einfach zu zweit auf. Martha hat ja doch nie Zeit, mit uns zu proben«, sagt Maja.

Was Lea darauf antwortet, kann ich nicht verstehen.

Yusuf hat sich seinen Rucksack über die Schulter geworfen und steht fertig angezogen bereit – als hätte er sich den ganzen Tag darauf gefreut, nach Hause zu gehen. Er läuft los, bevor ich auch nur meine Schuhe anhabe. Ich versuche, ihn einzuholen, aber er macht so große Schritte, dass ich fast rennen muss.

»Du findest den Weg bestimmt alleine, oder?«, frage ich. »Ich sollte nämlich eigentlich noch länger in der Schule bleiben, um mit Leah und Maja zu proben.«

»Wir müssen doch in den Wald. Vielleicht sind Mama und Papa heute Nacht gekommen!«, sagt er.

Ich habe ihm nicht erzählt, dass Leah und ich bereits gestern dort waren. Irgendwie habe ich das Gefühl, es würde ihm nicht gefallen. Eiskalter Wind kriecht mir unter die Jacke, und piksende Schneeflocken fliegen mir ins Gesicht. Ich will heute eigentlich gar nicht in den Wald.

»Übrigens weiß ich, dass du Blacky gestern mit nach draußen genommen hast.« Yusuf sieht mich vorwurfsvoll an.

Da werde ich wütend.

»Aha, na und? Es ist ja auch mein Hamster. Ich mache mit Blacky, was ich will!«

»Sie gehört sich selbst. Du musst gut auf sie aufpassen!«, antwortet er.

Innerlich wird mir noch kälter, als der Schnee auf meiner Haut sich anfühlt. Und plötzlich möchte ich Yusuf wehtun. Ich WILL, dass er traurig wird. Schließlich ist es seine Schuld, dass ich mittlerweile nie mehr machen kann, was ich möchte, und dass ich kaum noch Zeit habe, mit meinen Freundinnen zusammen zu sein.

»Es gibt kein magisches Tor im Wald! Deine Eltern werden nicht zu uns kommen. Das ist alles nur ein albernes Spiel! Und ich habe keine Lust mehr dazu.«

Eine Weile steht er stumm da und guckt mich einfach nur an, dann dreht er sich um und geht los.

Ich schaue ihm hinterher. Er marschiert mit gesenktem Blick gegen den Wind an und sieht aus wie der einsamste Mensch auf der ganzen Welt.

Jetzt will er nie wieder was mit mir zu tun haben. Und ich wollte ihn ja auch loswerden. Aber warum habe ich trotzdem das Gefühl, dass ich gleich losheulen muss?

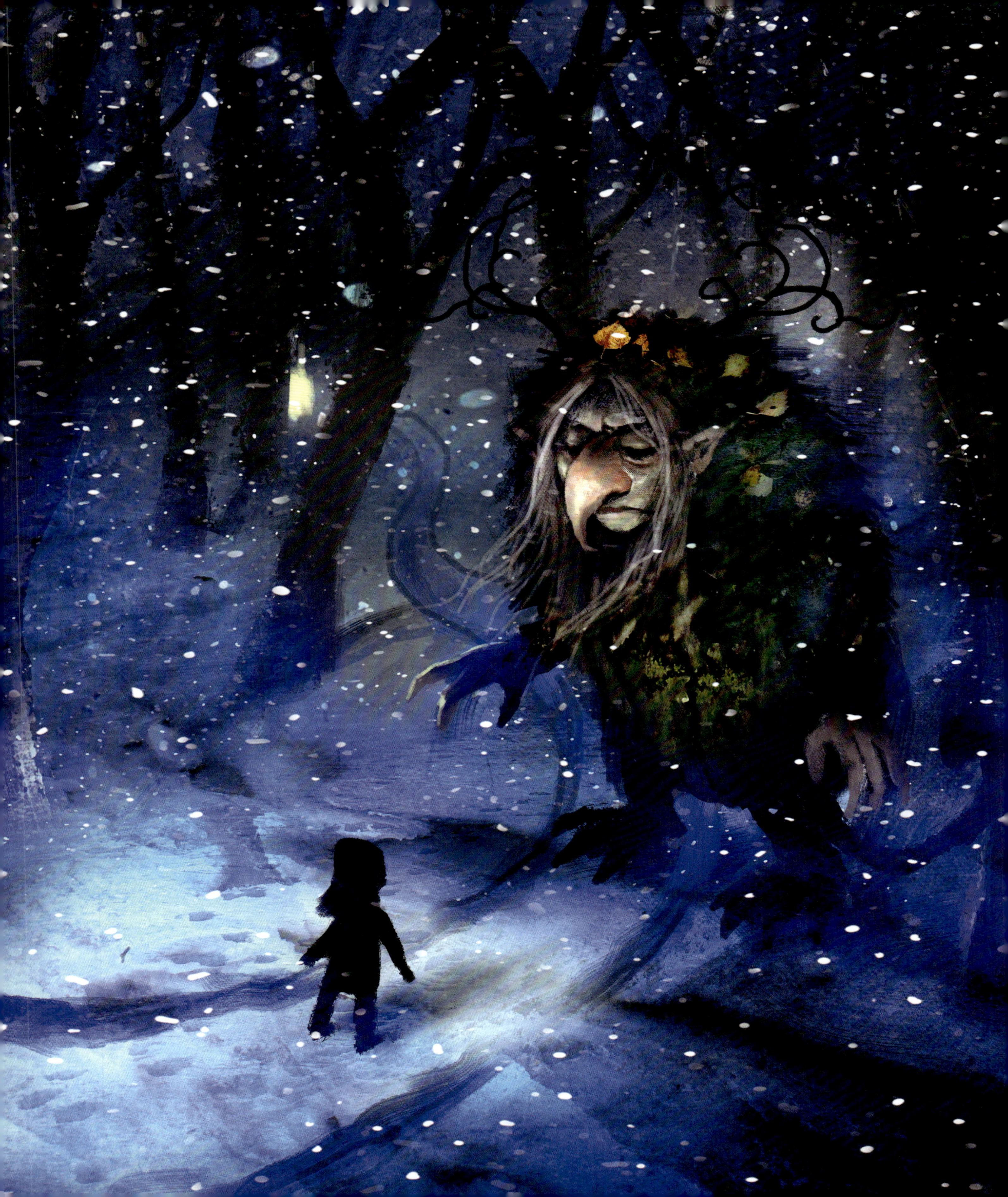

15

In der Nacht träume ich ganz komische Sachen. Ich bin vollkommen allein im Wald. Die Fäden, die Yusuf und ich an die Zweige gehängt haben, wehen im Wind und beleuchten den Weg. Aus dem Unterholz starren mich blitzende Augen an. Im ganzen Wald riecht es widerlich, wie nach alten Krabbenschalen.

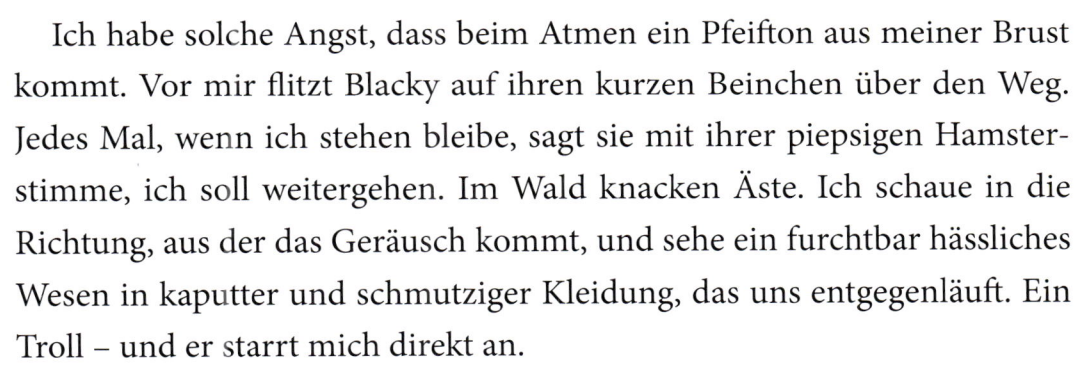

Ich habe solche Angst, dass beim Atmen ein Pfeifton aus meiner Brust kommt. Vor mir flitzt Blacky auf ihren kurzen Beinchen über den Weg. Jedes Mal, wenn ich stehen bleibe, sagt sie mit ihrer piepsigen Hamsterstimme, ich soll weitergehen. Im Wald knacken Äste. Ich schaue in die Richtung, aus der das Geräusch kommt, und sehe ein furchtbar hässliches Wesen in kaputter und schmutziger Kleidung, das uns entgegenläuft. Ein Troll – und er starrt mich direkt an.

Vor lauter Angst möchte ich mich am liebsten in den Schnee legen und nie wieder aufstehen. Vielleicht entkomme ich dem Troll, wenn er mich für tot hält?

»Schneller«, piepst Blacky. »Wir haben es gleich geschafft!«

Ich sehe es schon von Weitem: Im Vorratshaus brennt LICHT. Der grellweiße Schein blendet mich. Das Licht brennt heiß wie die Wüstensonne, und ich fange an zu schwitzen, obwohl auch in meinem Traum Winter ist. Und mitten im Licht steht jemand. Erst als wir den Eingang erreichen, sehe ich, dass dort der Weihnachtsmann auf uns wartet.

»Sie sind jetzt da«, sagt er lächelnd.

Ich recke den Hals, um einen Blick in das Vorratshaus zu werfen. In diesem Augenblick spüre ich die scharfen Krallen des Trolls an meinem Bein.

Dann wache ich auf. Meine Augen jucken, und ich bin nass geschwitzt, dabei liegt die Decke auf dem Boden. Und die Krallen des Trolls zerkratzen mir immer noch die Beine! Ich versuche, mich freizustrampeln.

»Pass auf, du zerquetschst sie!«, höre ich Fadi schreien.

Als ich an mir hinunterblicke, sehe ich, wie sich Blacky in meiner Kniebeuge verkriecht. Neben mir auf dem Bettlaken entdecke ich ein paar kleine Hamsterköttel.

»Warum hast du sie in mein Bett gelegt?«, jammere ich.

»Sie hat gesagt, sie will bei dir sein.« Fadi schubst seinen armen Hamster von einer Hand in die andere.

»Hm, na klar.«

»Mann, ist Blacky dick«, sagt er.

Ich versuche, mich aufzurichten, aber plötzlich dreht sich der Raum, und mir wird ganz schlecht, daher lege ich mich schnell wieder hin.

Mama kommt herein, um mich zu wecken. Mit besorgter Miene steht sie vor meinem Bett.

»Was ist denn mit dir los, Schätzchen? Du bist ja furchtbar blass!«

Dann legt sie mir ihre kühle Hand auf die Stirn.

»Du hast Fieber, du bleibst heute mit Oma zu Hause.«

»Das geht nicht!«, protestiere ich krächzend. »Leah, Maja und ich haben doch unseren Auftritt.«

»Die beiden müssen ohne dich tanzen«, entscheidet Mama.

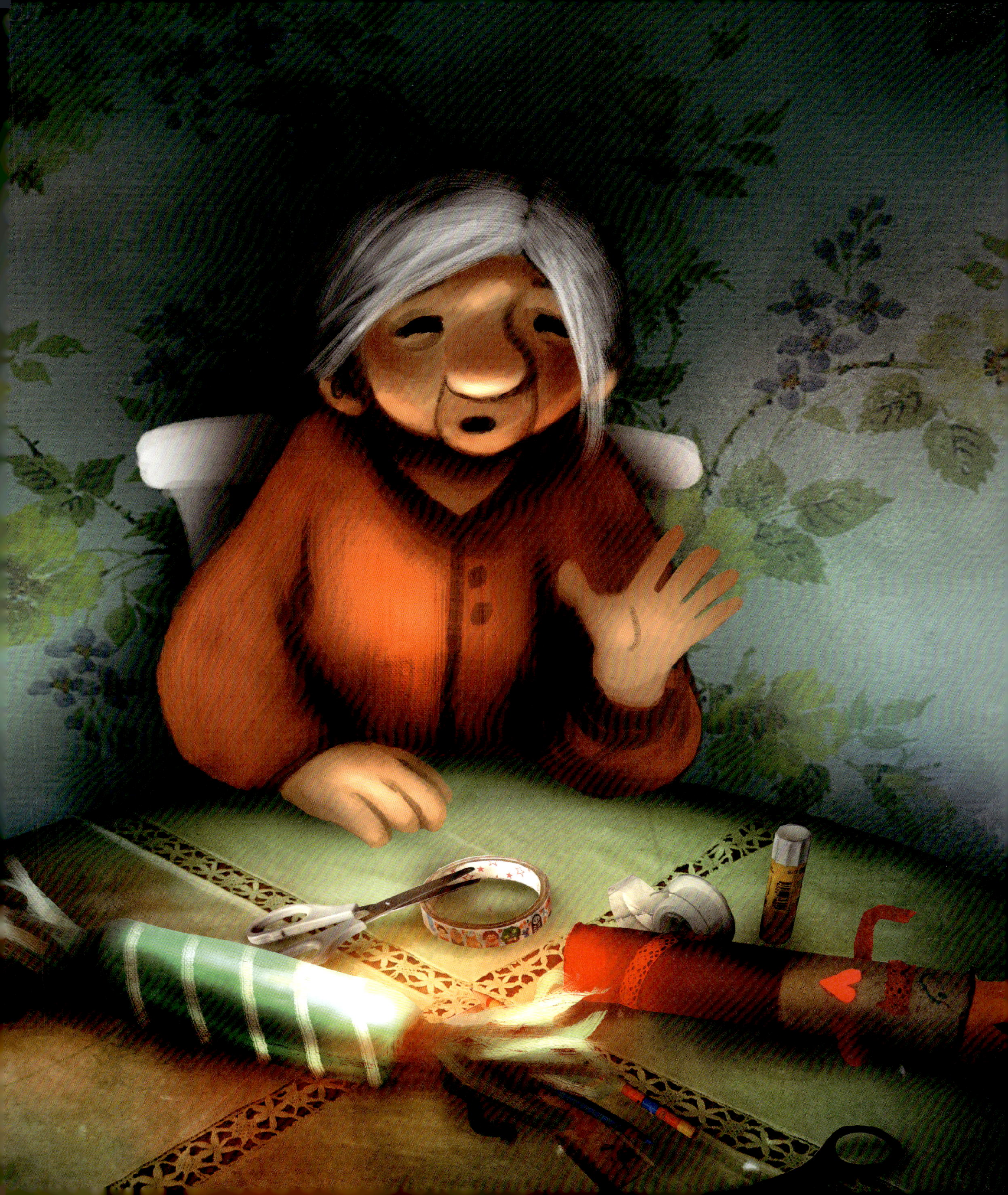

16

Zum Glück ist Oma bei mir, denn wenn ich mit ihr rede, denke ich gar nicht daran, wie traurig es ist, dass ich nicht zusammen mit Leah und Maja auftreten kann. Gegen Mittag kann ich sogar für eine Weile aufstehen. Da holt Oma die Bastelsachen, damit wir Weihnachtsschmuck basteln können. Ihre Knallbonbons werden tausendmal besser als meine, aber das macht mir nicht viel aus.

Ich erzähle ihr von meinem Albtraum. Wenn ich mit Mama oder Papa darüber geredet hätte, dann hätten sie bestimmt gesagt, dass ich zu gruselige Fernsehsendungen gucke. Oder – noch schlimmer – dass ich aufhören soll, mir Omas Buch so oft anzuschauen. Aber Oma ist ganz anders.

»Du weißt doch, dass man sich vor übernatürlichen Wesen schützen kann«, sagt sie ruhig.

»Aber Riesen sind total groß«, sage ich. »Gegen die hat man keine Chance, oder?«

»Groß ja, aber nicht besonders schlau«, antwortet Oma. »Außerdem hassen sie den Klang von Kirchenglocken.«

»Und Trolle?« Meine Beine fangen an zu zittern, als ich an den Troll aus meinem Traum denke.

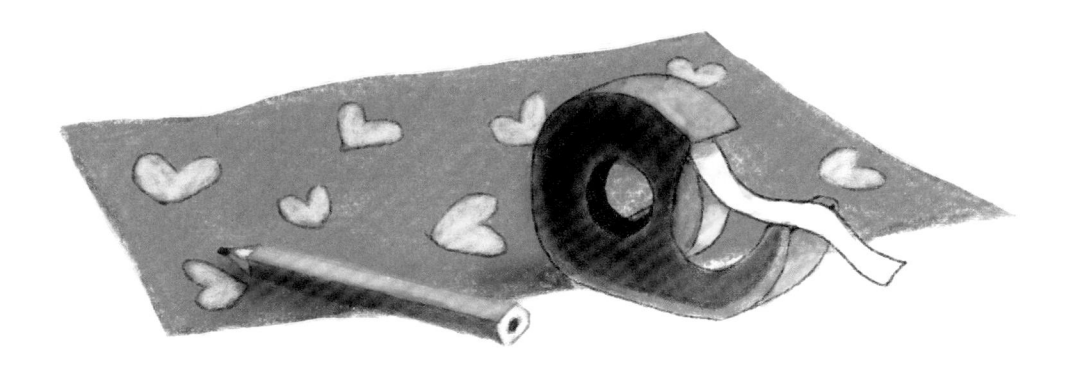

»Trolle vertragen kein Sonnenlicht, und sie haben vor unheimlich vielen Dingen Angst – zum Beispiel vor Stahl, Scheren oder Kreuzen. Du hast doch dein Trollkreuz. Achte darauf, dass du es immer bei dir trägst, wenn du in den Wald gehst.«

»Hattest du auch Angst vor Trollen, als du klein warst?«, frage ich.

Ich weiß allerdings gar nicht, ob es dort, wo Oma aufgewachsen ist, überhaupt Trollwälder gibt.

Oma schüttelt den Kopf und sieht ein bisschen traurig aus.

»Nein, als ich klein war, hatte ich mehr Angst vor Menschen.«

Das ist so eine seltsame Antwort, dass ich gern noch ganz viele Fragen stellen würde. Doch da steht Oma auf und sagt, sie müsse jetzt ein paar Sachen einkaufen gehen. Ich spüre, dass sie nicht mehr erzählen will. Trotzdem kann ich es mir nicht verkneifen, sie zu fragen:

»Konnte man sich denn vor denen nicht schützen? Vor den bösen Menschen, meine ich?«

»Nein, Martha. Vor denen konnte man sich nur nach Möglichkeit in Acht nehmen.«

Ich überlege, ob Menschen wie die, vor denen Oma Angst hatte, die Eltern von Yusuf in ihrer Gewalt haben. Ob seine Eltern deshalb nicht herkommen können.

»Glaubst du, dass Yusuf seine Eltern sehr vermisst?«, frage ich.

»Ich weiß sogar, dass er das tut«, sagt Oma. »Aber ich weiß auch, dass es leichter für ihn wird, wenn er eine Freundin wie dich hat.«

Da starre ich auf die Tischplatte, weil ich plötzlich so ein mulmiges Gefühl im Bauch habe. Seit ich all diese schrecklichen Sachen zu ihm gesagt habe, tut er so, als wäre ich Luft.

»Kommst du ein Weilchen allein zurecht?«, fragt Oma, die schon an der Tür ist.

Ich nicke. Aber sobald Oma gegangen ist, werde ich noch trauriger, weil mein Blick auf die Uhr fällt. Genau in diesem Moment führen Leah und Maja unseren Tanz auf.

Ob die Aufführung ohne mich genauso gut ist? Oder vielleicht sogar besser?

Der ganze Küchentisch ist mit Bastelsachen bedeckt. Ich wünschte, Leah wäre hier und würde mit mir basteln. Wir könnten so viel Spaß zusammen haben. Es sind nur noch neun Tage bis Weihnachten, und ich weiß nach wie vor nicht, was ich ihr schenken soll. Obwohl sie von uns allen am wenigsten Taschengeld bekommt, macht sie mir jedes Jahr richtig tolle Geschenke.

Dann habe ich plötzlich eine Idee: Ich werde ein Geschenk für Leah selber basteln. Das beste auf der Welt! Ein Weihnachtsgeschenk, das ihr beweist, dass wir für immer und ewig die besten Freundinnen sein werden. Egal, was auch passiert.

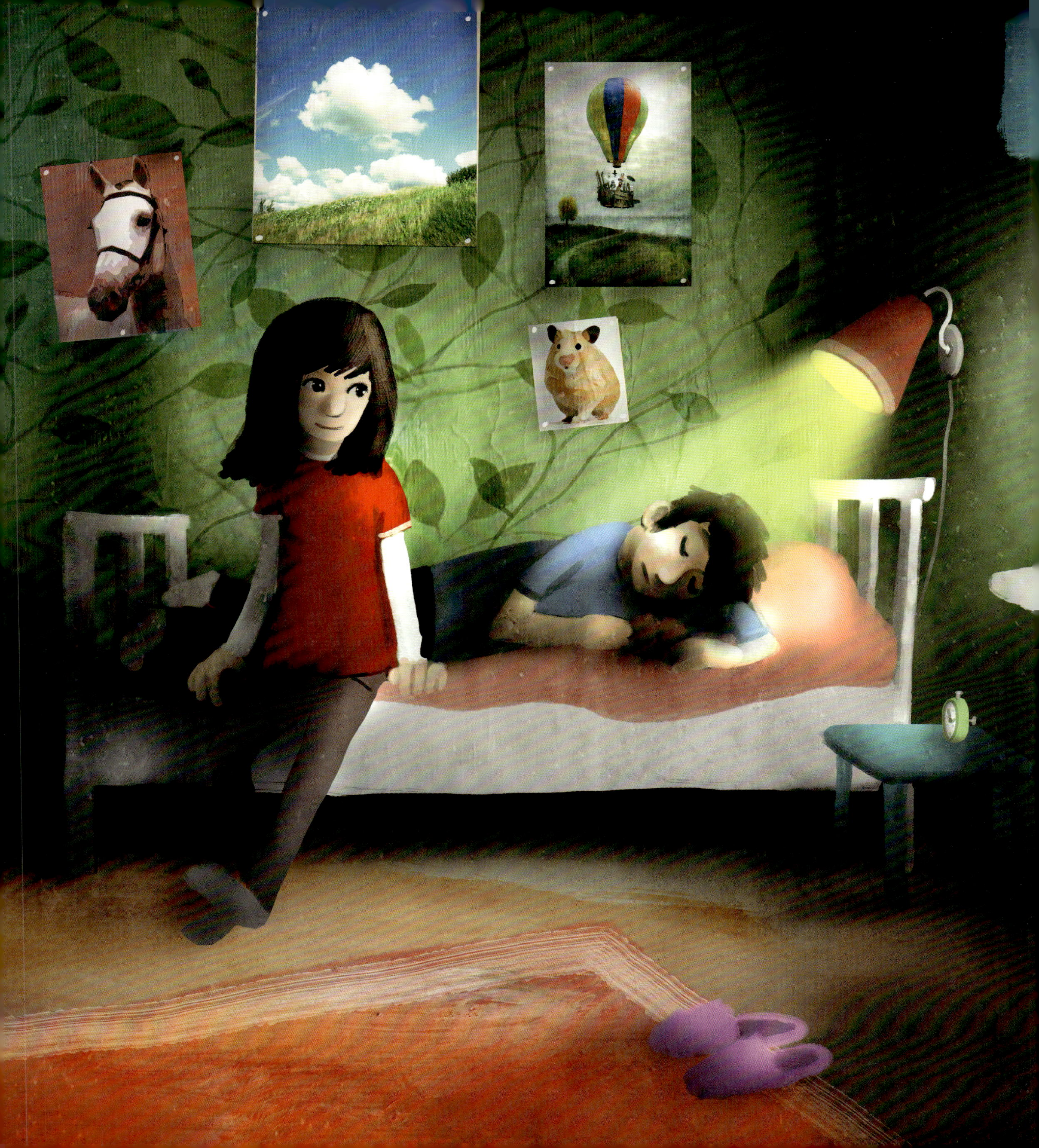

17

Als ich am nächsten Morgen aufwache, steht Yusuf vor dem Hamsterkäfig und guckt Blacky an.

»Du kannst sie gerne rausnehmen, wenn du möchtest«, krächze ich mit meinem wunden Hals.

Er zuckt zusammen und dreht sich um. Dann eilt er zur Tür.

»Warte, geh bitte nicht«, sage ich.

Er bleibt stehen, sagt aber noch immer nichts.

»Sind sie gekommen? Deine Eltern, meine ich?«

»Du glaubst ja sowieso nicht daran. Du brauchst jetzt auch nicht so zu tun, nur um nett zu sein«, sagt er.

»Ich habe aber geträumt …«, fange ich an.

Weiter komme ich nicht, weil Fadi ins Zimmer rennt und etwas auf mich draufwirft.

»Du bist dran mit Aufmachen, Martha!«, ruft er. »Los, pack aus!«

Ich setze mich auf und wickele das hübsche Geschenkpapier auseinander. Yusuf wartet nicht, um zu sehen, was darin ist, sondern geht aus dem Zimmer. Dafür reißt Fadi mir das Geschenk aus den Händen, bevor ich es richtig angesehen habe.

»Wie langweilig!«, sagt er schadenfroh. »Zum Glück war das *dein* Päckchen.«

»Hey, gib her!«

Es ist eine Schere, klein und verrostet. Und plötzlich begreife ich, was ich zu tun habe – oder besser gesagt, was WIR zu tun haben. Yusuf und ich.

Er liegt auf meinem Bett und fummelt an dem schmutzigen Spielzeughamster herum.

»Wenn du willst, kann ich nachschauen, ob wir Batterien dafür haben«, sage ich. »Vielleicht macht er dann wieder Geräusche und bewegt sich.«

Yusuf schüttelt den Kopf.

»Der geht nicht mehr. Ist schon in Malmö kaputtgegangen.«

»Du könntest dir vielleicht einen neuen zu Weihnachten wünschen.«

Wieder schüttelt er den Kopf.

»Ich will keinen anderen. Ich habe ihn von Mama und Papa geschenkt bekommen. Als ich ... weggefahren bin.«

Seufzend stellt Yusuf den Hamster auf den Nachttisch.

»Sie haben gesagt, ich soll an sie denken, wenn ich ihn anschaue. Eigentlich wollte ich ein lebendes Tier haben.«

Vorsichtig setze ich mich auf die Bettkante. Ich weiß nicht, ob er mich noch hasst oder ob ich ihm inzwischen vielleicht völlig egal bin. Es ist auf jeden Fall schön, dass er mit mir redet.

»Entschuldige bitte«, sage ich schließlich. »Ich habe lauter blöde Sachen zu dir gesagt. Aber ich habe es nicht so gemeint.«

Er rollt sich auf die Seite und schaut mich an.

»Du hast ja recht, sie werden nicht herkommen. Und ich habe keine Lust mehr, sie zu vermissen.«

Jetzt schüttle ich heftig den Kopf und zeige ihm die rostige Schere.

»Nein, DU hast recht!«

Ich muss wieder an den Traum denken. Ich erinnere mich, wie echt er gewirkt hat, und ich denke an Blackys Worte. Was hat Oma noch mal gesagt? Dass die magischen Kräfte besonders stark werden, wenn Weihnachten näher rückt? Und dann erzähle ich Yusuf von meinem Traum, auch von den unheimlichen Dingen. Als ich die blitzenden Augen des Trolls beschreibe, scheint plötzlich irgendwas in ihm zum Leben zu erwachen und aufzublühen. Er dreht die ganze Zeit die Schere hin und her und schaut mich hin und wieder an.

»Verstehst du?«, frage ich. »Deine Eltern trauen sich nicht, hierherzukommen. Bald ist Weihnachten, und da hat alles Übernatürliche im Wald besonders viel Kraft. Es wäre gefährlich für sie im Wald, vor allem nachts. Aber es gibt Dinge, die vor Trollen und Riesen schützen! Und wir müssen dafür sorgen, dass deine Mama und dein Papa diese Dinge bekommen.«

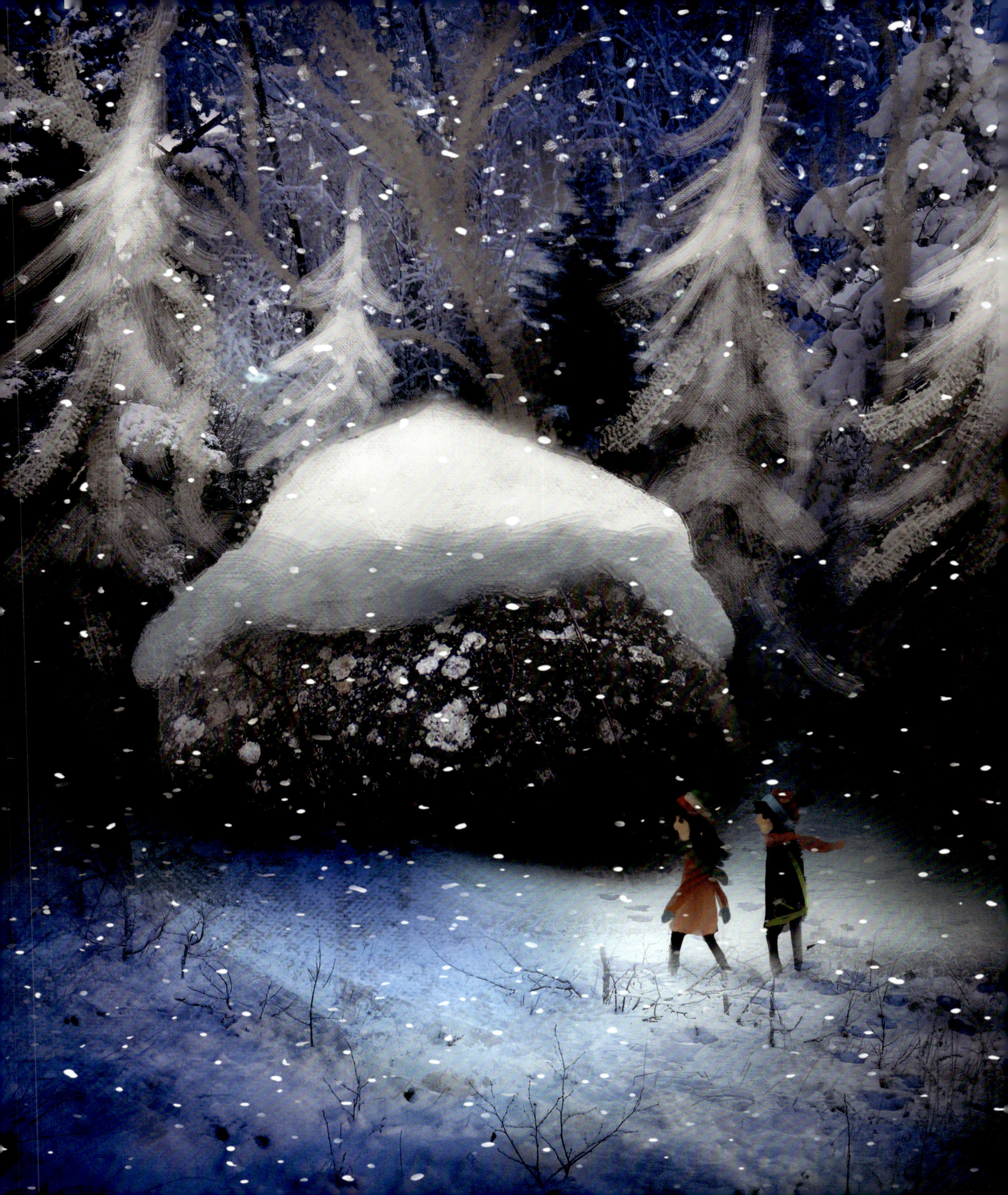

18

Draußen ist es schon dunkel, als Yusuf und ich uns in den Wald schleichen. Wir mussten warten, bis Mama einkaufen gegangen ist, denn sie findet, dass ich immer noch zu krank bin, um in der Kälte rumzulaufen.

Um meinen Hals hängt das Trollkreuz. Die kleine Schere halte ich fest in der Hand. Yusuf trägt den Transportkäfig mit Blacky drin. Hoffentlich piepst sie, wenn sie merkt, dass sich irgendwas Gefährliches nähert.

Die Loipe ist beleuchtet, aber das Licht reicht nicht richtig aus. Die Kiefern sind so dunkel. Und jedes Mal, wenn ich blinzelnd ins Unterholz schaue, glaube ich, dort blitzende Augen zu sehen. Die Augen des Trolls. Als es knackt, bin ich mir überhaupt nicht sicher, dass es nur ein Reh war.

»Danke für deine Hilfe«, flüstert Yusuf.

»Wir wissen ja noch nicht, ob wir es schaffen«, antworte ich.

»Stimmt, aber wenn ich das hier allein machen müsste, würde ich vor Angst sterben.«

Da komme ich mir ein bisschen mutiger vor.

An dem großen Stein bleiben wir stehen und lauschen, ob wir Trolle hören. Wenn ich mit Fadi hier bin, will er immer draufklettern und so tun, als ob er auf einer Bühne stünde. Dann brüllt er aus vollem Hals irgendwelche

Lieder und springt endlos auf und ab, obwohl ich die ganze Zeit rumnörgele, weil ich weitergehen will. In der Dunkelheit sieht der Stein ganz und gar nicht nach einer Bühne aus. Vielmehr wirken die Ausbuchtungen an den Seiten wie Arme und als ob …

Hat der Stein sich gerade bewegt? Ich schnappe nach Luft und ziehe Yusuf mit in den Schutz einer Kiefer. Mein Herz klopft, als wollte es mir aus dem Brustkorb springen. Wir sind so verängstigt, dass wir die Augen zumachen, denn im Wald knackt es nun richtig laut. Als wir es endlich wagen, wieder aufzustehen und die Augen zu öffnen, scheint ein großer Teil des Steins zu fehlen.

»Glaubst du, das war ein Troll?«, wispert Yusuf mit zitternder Stimme.

»Ich weiß nicht«, antworte ich. Die Schere halte ich so fest, dass sie mir in die Handfläche schneidet.

Dann knipst Yusuf meine Taschenlampe an, und wir schleichen weiter durch den Wald. Ich habe solche Angst, dass sich meine Beine wie Pudding anfühlen und ich alles verschwommen sehe. Jedes Mal, wenn ein Zweig meinen Kopf streift, zucke ich zusammen und denke: So, jetzt haben sie uns, die Trolle. Trotzdem gehen wir weiter. Wir trauen uns nicht, auf der Loipe zu bleiben, weil man uns dort sofort sehen würde. Stattdessen bewegen wir uns im Schutz der Bäume vorwärts.

Wir stapfen eine gefühlte Ewigkeit durch den Schnee, aber in Wirklichkeit sind es bestimmt nur etwa zehn Minuten. Dann lichtet sich der Wald, und ich kann das Vorratshaus auf der anderen Seite des Weges erkennen. Ohne nachzudenken, mache ich einen Schritt in den Lichtkegel der Loipenlaterne. Yusuf zieht mich zurück.

»Warte«, zischt er. »Hör zu! Vielleicht schützt die Schere nur vor *einem* Troll? Wie sollen wir damit gegen mehrere ankommen?«

Mucksmäuschenstill halten wir den Atem an. Da höre ich das Gemurmel. Tiefe Stimmen. Im Innern des dunklen Vorratshauses scheint jemand zu rumoren.

Blacky scharrt unruhig in ihrem Käfig. Wahrscheinlich riecht sie die Trolle und hat Angst.

»Was sagen die Trolle?«, flüstere ich Yusuf zu.

Er beißt sich auf die Lippe.

»Ich kann sie nicht genau verstehen. Der Wald hier gehöre ihnen oder so. Und dass sie den Schmuck haben wollen.«

»Klar, Trolle lieben doch Gold …«, flüstere ich zurück.

Wir haben uns dicht an einem alten Eichenstamm zusammengekauert und bekommen kalte Knie vom Schnee. Ich spüre ein Kratzen im Hals und habe panische Angst, husten zu müssen. Und was passiert, wenn Blacky plötzlich so schrill piepst, wie sie es nachts manchmal macht? Dann entdecken die Trolle uns ganz bestimmt.

Ich versuche, mir zu sagen, es wäre alles bloß Einbildung. Weil wir Angst haben, glauben wir, Dinge zu hören und zu sehen, die in Wahrheit gar nicht da sind. Doch plötzlich höre ich die Trolle lachen. Noch nie im Leben habe ich jemanden so bösartig und freudlos kichern hören, und es klingt, als würde das Lachen aus dem Vorratshaus kommen.

Yusuf zieht die Nase hoch. Vielleicht habe ich ihn mit meiner Erkältung angesteckt. Ich krame ein Taschentuch aus meiner Jackentasche, damit er sich die Nase putzen kann. Aber er hat gar keinen Schnupfen, sondern er weint.

»Wir haben keine Chance«, wispert er. »Mama und Papa haben keine Chance. Die Trolle werden hier am Eingang auf sie warten. Sie nehmen ihnen sämtlichen Schmuck und das Geld ab und schicken sie zurück. Und wir haben nichts gegen die Trolle in der Hand, außer einer rostigen, kleinen Schere.«

Am liebsten möchte ich aufgeben. Durch den dunklen Wald nach Hause rennen, so schnell ich kann. Mich in eine warme Decke einwickeln und heißen Kakao trinken. Aber wenn Yusuf den Mut verloren hat, muss ich tapfer genug für uns beide sein.

»Die Trolle vertragen keine Sonne. Wir kommen morgen wieder. Und dann nehmen wir nicht nur eine rostige Schere mit. Wir packen alles ein, was vor Trollen schützt, und legen es vor die Tür. Vielleicht haben wir jetzt gerade keine Chance, aber wenn deine Eltern kommen, werden sie eine haben.«

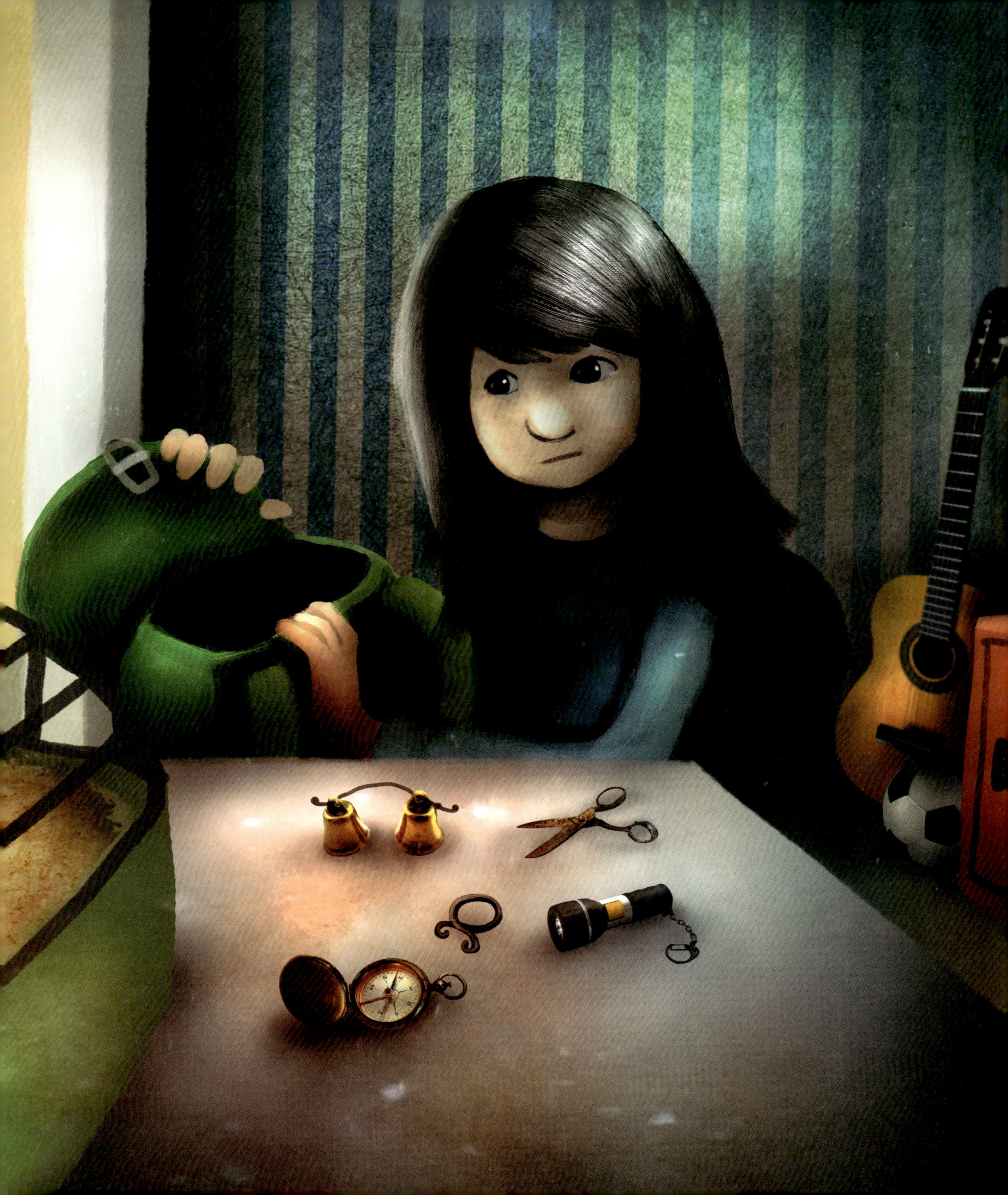

19

Wir haben alles in meinen Rucksack gesteckt. Die rostige Schere und das Trollkreuz, damit Yusufs Eltern vor den Trollen geschützt sind. Und den Kompass, damit sie sich im Wald orientieren können, falls die Wollfäden mit Schnee bedeckt sind. Die Glöckchen lege ich auch dazu. Nicht, weil sie auch nur im Geringsten wie Kirchenglocken klingen. Aber FALLS es im Wald Riesen geben sollte, haben wir einfach nichts Besseres, um sie abzuwehren. Dazu stopfe ich noch ein paar praktische Dinge in den Rucksack, die man immer gebrauchen kann: meine Taschenlampe – wir können uns ja noch eine von Mama und Papa ausleihen –, eine Flasche Wasser und eine Tupperdose voller Pfefferkuchen, für den Fall, dass Yusufs Eltern Hunger haben.

Ich bin gerade auf dem Weg in mein und Fadis Zimmer, um Blacky zu holen, als es an der Wohnungstür klingelt.

»Martha!«, ruft Fadi aus dem Flur.

Als ich den Kopf aus der Zimmertür strecke, steht Leah da. In ihrem Haar glitzern Schneeflocken, und alles an ihr riecht frisch und nach Winter.

»Papa und ich gehen Weihnachtsgeschenke kaufen. Du kommst doch mit, oder?«, fragt sie und hüpft vor Aufregung von einem Bein aufs andere.

Letztes Jahr haben wir zusammen Weihnachtsgeschenke gekauft, und im Jahr davor auch. Wir durften allein in die Stadt gehen und selber welche aussuchen. Ich weiß, dass die Einkaufspassage weihnachtlich geschmückt ist. Überall leuchtet und glitzert es, und jedes Geschäft hat Weihnachtsmänner und Rentiere aufgestellt und Kunstschnee ausgestreut. Wenn wir fertig sind mit unseren Einkäufen, trinken wir im Café heiße Schokolade und dürfen uns zu essen bestellen, was wir wollen. Und dann sitzen wir da und freuen uns über unsere Kostbarkeiten und Geheimnisse, während Leahs Vater vergeblich versucht, uns zu entlocken, was wir gekauft haben.

Oh, wie gerne ich sie begleiten würde! Aber hinter mir höre ich Yusuf im Rucksack wühlen. Obwohl er versucht, es sich nicht anmerken zu lassen, scheint er aufmerksam zu lauschen.

»Können wir das nicht morgen machen?«, frage ich zaghaft.

Da hört Leah auf zu hüpfen. Sie sieht überhaupt nicht mehr fröhlich aus.

»Morgen geht es nicht. Jetzt komm schon, das wird toll.«

Ich drehe mich zu Yusuf um und blicke ihn an. Er sagt nichts, sondern starrt nur auf den Fußboden, als würde dort etwas Superinteressantes liegen.

»Ich habe heute leider keine Zeit«, sage ich schließlich.

»Aha, na gut, dann vergiss es einfach.« Leah macht die Wohnungstür auf.

Kurz bevor sie geht, dreht sie sich noch einmal um.

»Ist dir schon mal aufgefallen, wie langweilig du in letzter Zeit geworden bist?«

Sie verschwindet, bevor ich etwas dazu sagen kann. Ich habe das Gefühl, weinen zu müssen. Was, wenn wir uns nie wieder vertragen?

»Soll ich Blacky holen?« Yusuf wirft mir einen schüchternen Blick zu.

Es sieht so aus, als würde er sich ein bisschen schämen, weil ich ihn Leah vorgezogen habe. Aber das ist ja nicht seine Schuld – eigentlich. Ich wünschte nur, es wäre nicht so schwer, die richtige Entscheidung zu treffen. Offenbar ist es gar nicht möglich, das Richtige zu tun und es gleichzeitig allen recht zu machen.

»Nee, ich hole sie selbst«, sage ich und gehe zurück ins Kinderzimmer.

Kaum ist Blacky im Transportkäfig, will sie in die Klopapierrolle kriechen. Aber es geht nicht. Sie stupst dagegen und quetscht den Kopf rein, doch der Körper passt nicht hindurch. Sie ist WIRKLICH dick geworden. Ich frage mich, ob Fadi oder Yusuf sie heimlich gefüttert haben. Allerdings müsste Softy dann doch auch zugenommen haben. Ich schaue nach. Nein, Softy knabbert an einem Maiskorn und ist noch genauso zierlich, wie wir sie gekauft haben.

Vor dem Fenster wirbeln Schneeflocken durch die Luft. Als ich in den Himmel schaue, wird mir schwindlig davon. Eine Weile stehen Yusuf und ich einfach so da und blicken hinauf in den Himmel. Danach fühle ich mich ein wenig besser. Wir werden seine Eltern vor den Trollen retten, und das ist wichtiger als alle Weihnachtsgeschenke auf der Welt. Wenn Leah davon wüsste, würde sie es verstehen.

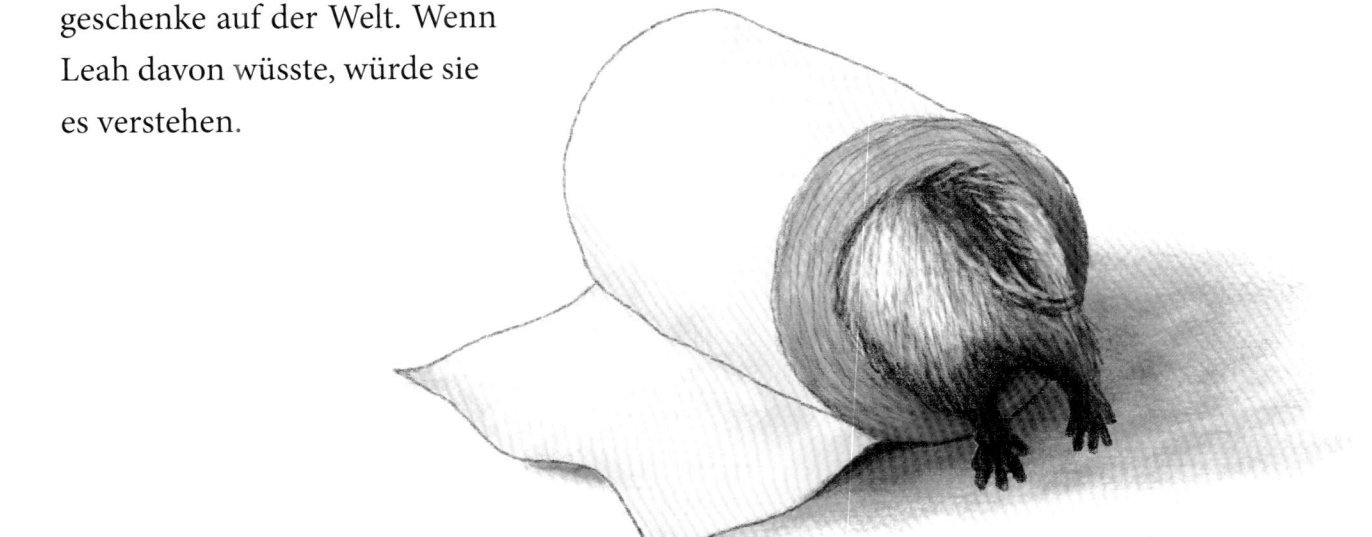

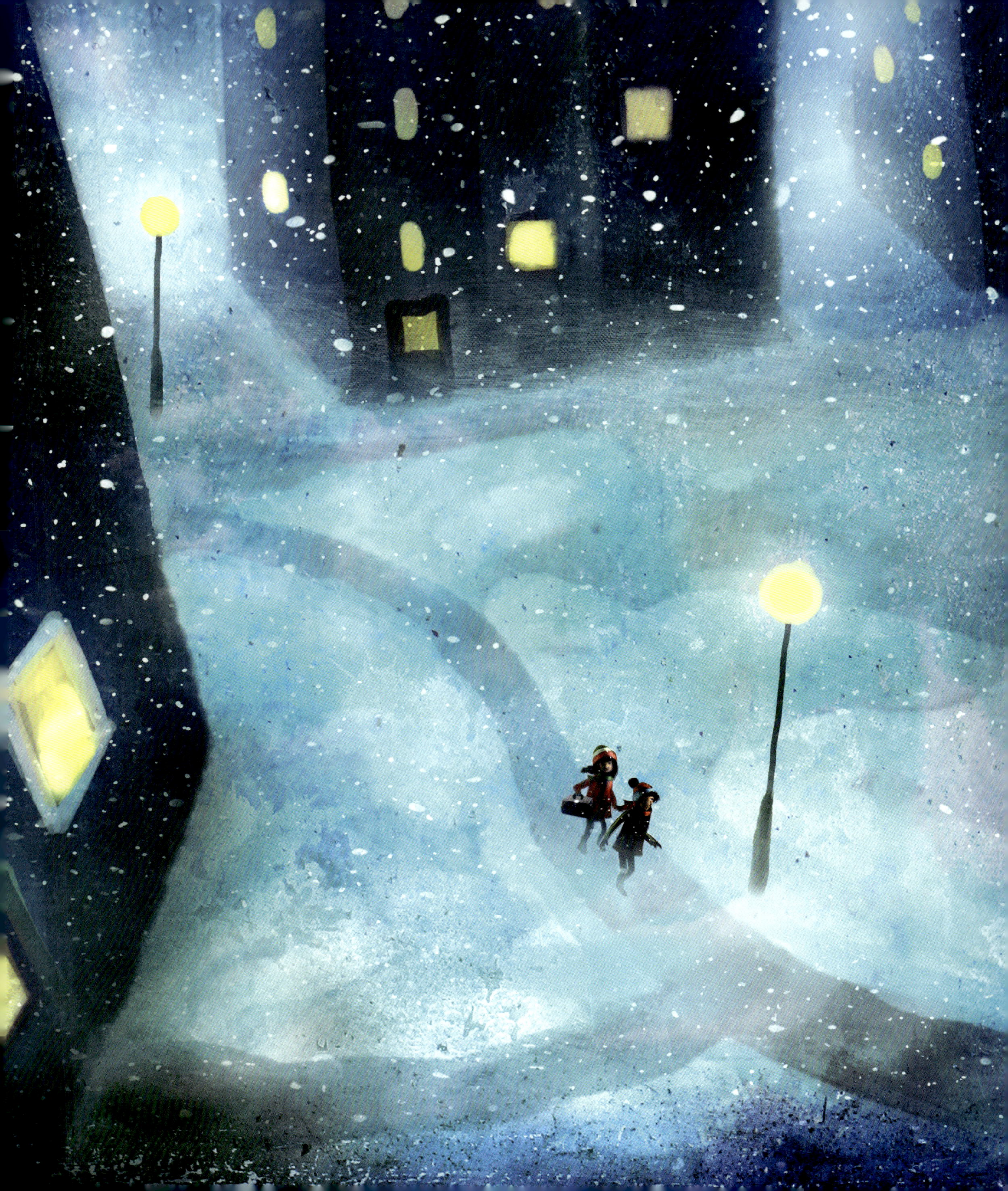

20

Wir haben den Hof bereits verlassen, als Yusuf plötzlich stehen bleibt und sich auf die Lippe beißt.

»Was ist?«, frage ich. »Hast du Angst?«

Er schüttelt so heftig den Kopf, dass der Schnee von seiner Mütze fällt.

»Glaubst du echt, es funktioniert?«, fragt er.

»Daran müssen wir glauben«, antworte ich entschieden. »Wir wissen jetzt, dass es Trolle wirklich gibt. Warum dann nicht auch Dinge, mit denen man sich vor ihnen schützen kann?«

»Nein, so habe ich das …« Yusuf scheint nach den richtigen Worten zu suchen. »Ich wollte sagen: Wenn wir die Schere, das Trollkreuz und so weiter gut sichtbar ins Vorratshaus legen, werden die Trolle es bestimmt irgendwie schaffen, die Dinge, die sie nicht vertragen, loszuwerden. Und den Rest klauen sie. Mama und Papa müssen den Trollen unbedingt zuvorkommen, damit sie die Sachen auch tatsächlich bekommen. Aber wer weiß, ob ihnen das gelingt.«

Da hat er natürlich recht.

»Wir könnten ja alles in einen Schuhkarton packen«, schlage ich vor. »Oder irgendwo verstecken.«

»Dann schauen die Trolle eben in den Karton rein. Und wenn wir die Sachen verstecken, wissen Mama und Papa nicht, dass wir ihnen etwas mitgebracht haben, wonach sie suchen sollen. Wir müssen uns was Schlaueres einfallen lassen.«

Da piepst Blacky im Transportkäfig. Drei schrille Piepser gibt sie von sich. Ich bekomme panische Angst, dass etwas mit ihr nicht in Ordnung ist. Wenn sie nun erfriert?

Aber Yusuf lächelt.

»Danke, Blacky«, sagt er. »Komm, wir müssen noch mal hoch in die Wohnung.«

Wir schließen uns in Yusufs Zimmer ein, damit niemand sieht, was wir machen. Ich hole ein scharfes Messer aus dem Rucksack, das ich heimlich eingesteckt hatte. Yusuf zieht dem schmutzigen Spielzeughamster den Pullover aus.

»Bist du sicher, dass du ihn kaputt machen willst?« Ich reiche Yusuf das Messer. »Ich meine, ist er nicht fast die einzige Erinnerung an deine Eltern?«

»Das ist ein Spielzeug, mehr nicht. Ein kaputtes Spielzeug noch dazu. Der Troll wird denken, es wäre bloß Müll. Aber Mama und Papa erkennen den Hamster garantiert wieder und nehmen ihn in die Hand«, sagt Yusuf.

Er schafft es, das Fach zu öffnen, in das die dicken Batterien hineingehören – eine viereckige Öffnung im Rücken des Spielzeughamsters. Da stopfen wir alles rein, was vor Trollen schützt. Nachdem wir das Loch mit Klebeband verschlossen haben, deutet nichts mehr darauf hin, dass in dem Hamster etwas versteckt ist.

»Es war übrigens Blackys Idee«, sagt er. »Wenn sie nicht so gepiepst hätte, wäre ich nie darauf gekommen.«

Seit wir wissen, was sich im Wald verbirgt, erscheint er uns groß und unheimlich. Alle Feldsteine, an denen wir vorbeikommen, schaue ich mir genau an. Welche von ihnen sind in Wirklichkeit schlafende Trolle? Wenn es im Unterholz knackt, halte ich vor Angst die Luft an.

»Es ist noch hell«, beruhigt mich Yusuf. »Da können die Trolle sich nicht bewegen.«

Trotzdem ist es fast ZU gruselig, in das Vorratshaus hineinzugehen. Außerdem sehe ich es sofort! Die nackte Erde in dem Häuschen ist mit großen Fußspuren bedeckt. Falls die Trolle jetzt kommen und sich vor die Öffnung stellen, sind wir eingesperrt und haben keine Chance, zu fliehen. Fenster gibt es nicht.

»Geht nach Osten und folgt den Fäden an den Bäumen!«, schreibt Yusuf an die Tür. Ich sehe, dass er die Kreide benutzt, die er im Hort gemopst hat, lasse mir aber nicht anmerken, dass ich von dem Diebstahl weiß.

Wir stellen das Wasser, die Pfefferkuchen und die Taschenlampe direkt vor die Tür. Es besteht natürlich die Gefahr, dass die Trolle sich die Sachen schnappen, aber etwas Besseres fällt uns nicht ein. Zum Schluss legt Yusuf den Spielzeughamster auf den Fußboden. Wir machen ihn absichtlich noch ein bisschen schmutziger. Irgendwie ist es traurig, ihn dort zurückzulassen. Aber Blacky piepst und scharrt in ihrem Käfig.

»Sie sagt, ihr ist kalt«, erklärt Yusuf.

Ich weiß nicht, ob er bloß Spaß macht oder ob er die Hamstersprache wirklich versteht. Aber es wird so oder so stimmen – denn heute ist es draußen richtig eisig.

»Wir haben getan, was wir konnten. Jetzt müssen wir nur noch warten«, sagt Yusuf ernst.

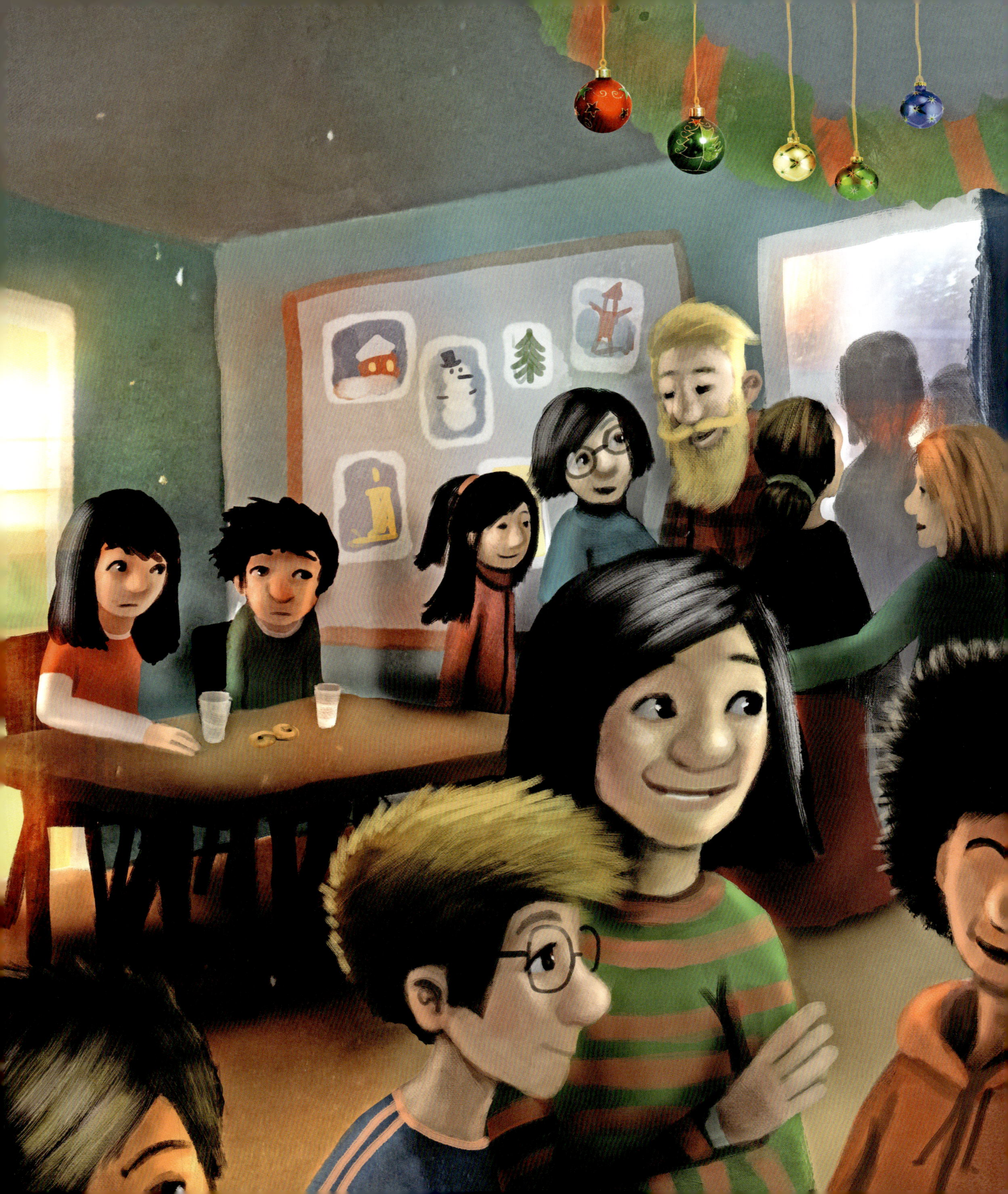

21

Und dann findet in der Schule unsere Weihnachtsfeier statt! Wir singen für unsere Eltern und Geschwister und sagen Weihnachtsgedichte auf, die wir extra auswendig gelernt haben. Ich darf die dritte Strophe eines Adventsgedichts vortragen: »Und wenn die dritte Kerze brennt, dann haben wir viel zu tun, stets basteln und stets backen wir, oh, herrlicher Advent.«

Normalerweise stehe ich neben Leah und Maja und bin so aufgeregt, dass ich die ganze Zeit kichern muss. Aber heute haben sich die beiden auf die andere Seite des Raums gestellt. Dafür habe ich Yusuf an meiner Seite. Während wir singen, verzieht er keine Miene. Vielleicht kennt er die Lieder gar nicht.

Als wir mit dem Singen fertig sind, spricht unsere Lehrerin eine Weile über Weihnachten. Sie sagt, das Wichtigste seien nicht die Geschenke, sondern dass wir wirklich füreinander da sind. Und das stimmt natürlich – aber Weihnachtsgeschenke wollen trotzdem alle haben. Dann macht sie das Licht wieder an, und es ist Zeit für das Kaffeetrinken mit den Eltern.

Mama und Papa konnten nicht kommen, weil sie heute arbeiten müssen. Nicht einmal Oma ist da, denn sie ist auf der Weihnachtsfeier in Fadis Kindergarten. Ich werfe einen sehnsüchtigen Blick zu dem Tisch, an dem

Leah und Maja sitzen. Majas ganze Familie hat sich in der Klasse versammelt. Und ich sehe auch Leahs Papa und eine ihrer kleinen Schwestern. Sie lachen und reden und mampfen Pfefferkuchen, dass die Krümel nur so rumfliegen. Am liebsten würde ich mich zu ihnen setzen, aber es ist kein Platz mehr bei ihnen frei. Außerdem hat Leah kein Wort mit mir gesprochen, seit sie gesagt hat, ich sei langweilig.

»Sollen wir uns dort hinsetzen?« Yusuf zeigt auf einen freien Tisch.

Ich nicke und trage vorsichtig meinen Becher Kakao und einen Teller Pfefferkuchen hinüber. Wahrscheinlich sind wir so langweilig, dass sich niemand zu uns setzen möchte, denke ich.

Doch nach einer Weile kommen einige aus der Klasse zu uns. Alle freuen sich so auf die Weihnachtsferien, dass sich sogar Leute unterhalten, die sonst nie miteinander reden. Wir erzählen uns gegenseitig, was wir in den Weihnachtsferien vorhaben und was wir uns zu Weihnachten wünschen, und dann fragen alle nach meinem Hamster. Sogar Yusuf sagt etwas.

Als ich zu Leahs Tisch hinüberschaue, treffen sich unsere Blicke. Einen Moment lang sieht sie traurig aus. Dann wendet sie sich ab und redet weiter mit Maja.

Ich denke an das Weihnachtsgeschenk für sie, mit dem ich schon angefangen habe. Wann soll ich es ihr geben? Was, wenn wir uns in den Ferien überhaupt nicht sehen?

»Sollen wir nach der Schule zum Vorratshaus?«, flüstert Yusuf mir zu.

Da fühle ich mich besser – immerhin habe ich Yusuf und Blacky und unser riesengroßes Geheimnis.

Die Weihnachtsferien werden vielleicht anders als sonst, aber schön können sie trotzdem werden.

Wir gehen gar nicht erst nach Hause, sondern direkt in den Wald. Während wir durch den Schnee stapfen, steigt unsere Anspannung. Sobald wir das Vorratshaus erreichen, entdecken wir es beide gleichzeitig: Der schmutzige Spielzeughamster ist weg! Die Taschenlampe, das Wasser und die Tupperdose sind auch nicht mehr da.

»Es könnte auch jemand anders …«, beginne ich.

Natürlich hoffe ich, dass Yusufs Eltern gekommen sind und unseren Plan verstanden haben. Andererseits habe ich ein wenig Angst, was passiert, wenn Yusuf sich ZU große Hoffnungen macht und sie doch nicht bei uns auftauchen. Vielleicht liegt er dann in den Weihnachtsferien nur noch auf dem Bett und ist traurig.

»Schau mal zur Tür«, sagt er plötzlich.

Da sehe ich es: Jemand hat Yusufs Nachricht weggewischt. Stattdessen steht dort: »Wir vermissen dich, Habibi!«, in arabischen Schriftzeichen.

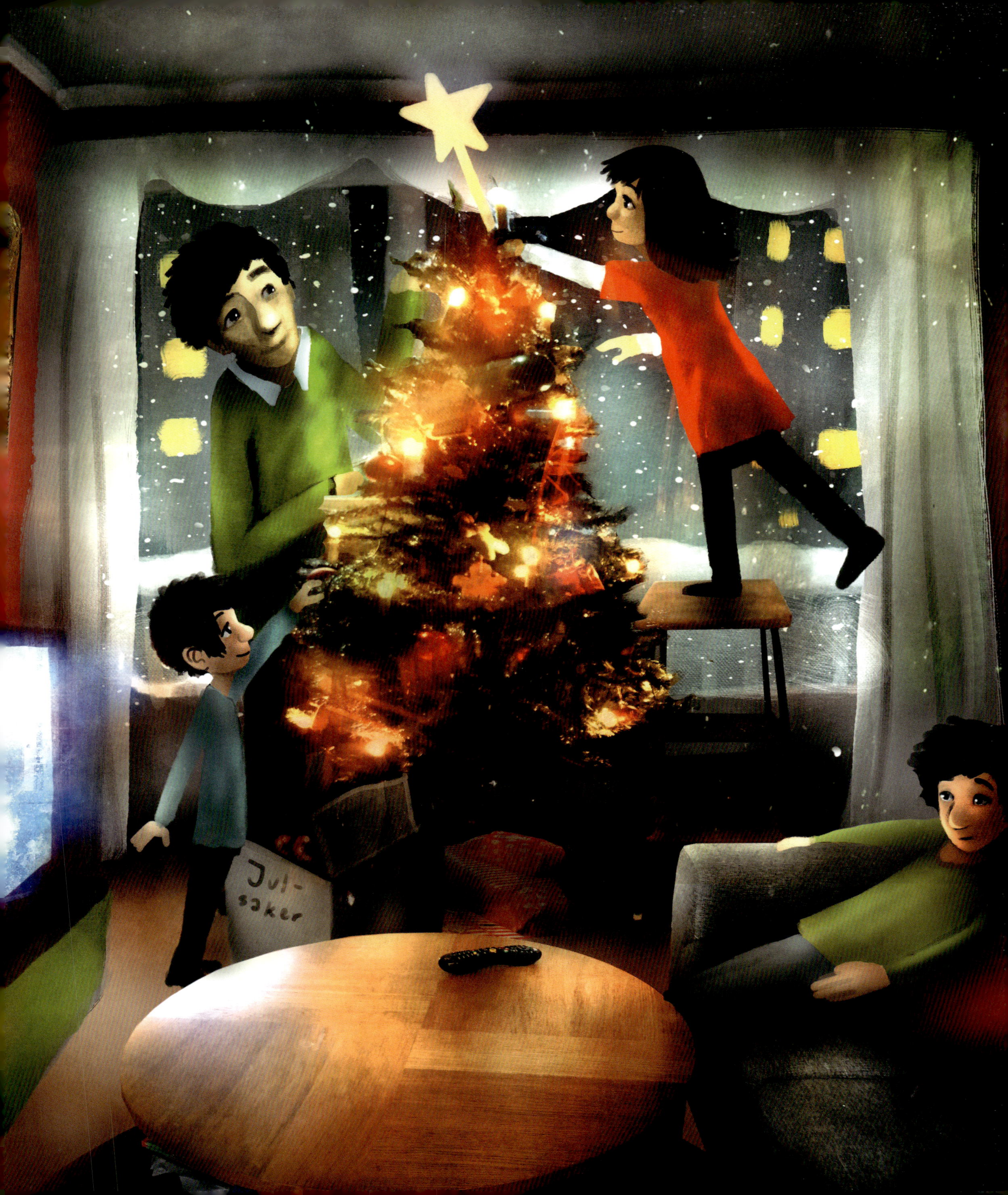
Jul-
saker

22

Am ersten Ferientag bringt Papa einen Tannenbaum mit nach Hause. Die ganze Wohnung riecht nach Weihnachten.

Fadi und ich wollen den Baum natürlich sofort schmücken. Maja hat zwar gesagt, dass man den Weihnachtsbaum erst kurz vor Heiligabend schmückt, aber warum soll man so lange warten, wenn er sowieso da steht? Ich wühle in dem Karton mit der Weihnachtsbaumdeko und suche die schönsten Sachen heraus. Fadi rennt in sein Zimmer, um Spielzeug zu holen, das man aufhängen kann.

Yusuf sitzt schweigend auf dem Sofa und guckt fern. Er sagt, er habe keine Lust, den Baum zu schmücken.

Wir haben gestern eine ganze Weile nach seinen Eltern gesucht. Nicht nur im Vorratshaus, sondern auch im Wald – aber sie waren nirgendwo. Und zu uns nach Hause sind sie auch nicht gekommen. Ob jemand anders das Trollkreuz und die übrigen Dinge an sich genommen hat? Jemand, der uns auf den Arm nehmen will? Yusuf sage ich nichts von meinem Verdacht. Jedes Mal, wenn ein Handy klingelt oder ein Anruf auf Skype kommt, flitzt er hin. Aber seine Eltern haben sich noch nicht gemeldet.

»Vielleicht haben sie kein Handy dabei«, sage ich vorsichtig.

Ich hänge gerade ein potthässliches Knallbonbon auf, das ich im Kindergarten gebastelt habe, als Fadi ins Wohnzimmer gerast kommt.

»Dein Hamster macht komische Geräusche!«, sagt er.

Ich pfeffere das Knallbonbon aufs Sofa und laufe ihm schnell hinterher ins Kinderzimmer. Obwohl Blacky sich zu Hause immer nur mit typischen Hamstersachen beschäftigt – wie zum Beispiel im Hamsterrad rumlaufen oder Mais knabbern –, kann ich sie mir nur schwer als gewöhnlichen Hamster vorstellen. Schließlich hat sie Yusuf und mir den Weg gezeigt! Wenn sie nun etwas Seltsames gemacht und Fadi kapiert hat, dass mein Hamster magische Kräfte hat? Das wäre eine Katastrophe, denn Fadi könnte es nie im Leben für sich behalten.

Kaum habe ich das Zimmer betreten, höre ich das Geräusch auch. Oder, besser gesagt, DIE Geräusche. Sie gibt viele klägliche Piepser von sich. Und plötzlich wird mir klar, warum Blacky im Gegensatz zu Softy immer dicker geworden ist. Die Frau in der Zoohandlung muss sich geirrt haben, oder vielleicht hat sie auch nur vermutet, sie würde uns zwei Weibchen verkaufen. Aber Softy ist ein Männchen und kein Weibchen – ein Papa-Hamster. Und Blacky ist Mutter geworden! Ich öffne den Käfig und hebe das Häuschen hoch, in dem die Hamster immer schlafen. Darin liegt Blacky. Und rings um sie herum krabbeln acht winzige neugeborene Hamster und suchen nach Milch.

»Wie eklig«, sagt Fadi.

Die Jungen haben noch kein Fell, und ihre Augen sind geschlossen. Besonders süß sind sie wirklich nicht. Sie sehen fast aus wie winzige Schweine. Aber Blacky ist anzumerken, dass es für sie nichts Niedlicheres auf der Welt gibt. Ich stelle das Häuschen wieder hin und mache den Käfig zu. Dann laufe ich zu Papa.

»Blacky hat Junge bekommen!«

Er guckt mich an, als hätte ich einen Witz gemacht.

»Es sind doch zwei Weibchen … Wie können die denn …?«

Wir haben jetzt keine Zeit, das zu besprechen, das ist hoffentlich auch Papa klar. Denn wir haben Wichtigeres zu tun.

»Wir müssen zur Zoohandlung fahren und einen neuen Hamsterkäfig besorgen«, fahre ich fort.

»Das schaffen wir heute nicht mehr, wir haben zu Hause noch so viel zu erledigen«, antwortet er.

Ich überlege, ob ich allein loslaufen soll. Aber ich habe nicht genug Geld, um einen Käfig zu kaufen. Schließlich ziehe ich meine Jacke an und gehe zu Oma, um sie zu fragen, ob sie mir helfen kann.

Oma kocht gerade Berge von Essen für das Familientreffen am ersten Weihnachtstag, wäscht sich aber sofort die Hände und holt ihren Mantel.

Es schneit wieder. Unter unseren Füßen knirscht der Schnee, und in den Fenstern sehen wir während unseres Spaziergangs in die Stadt überall schöne Lichterketten leuchten.

»Verstehst du dich jetzt besser mit Yusuf?«, fragt Oma.

Ich überlege, wie viel sie wohl weiß. Meine liebe Oma, die uns all diese Dinge geschenkt hat, die vor Trollen und Riesen schützen.

»Ja, viel besser«, sage ich. »Wir haben uns angefreundet. Wir erleben ein ABENTEUER zusammen.«

Ich schaue Oma bedeutungsvoll an. Sie müsste eigentlich verstehen, was ich meine. Es wäre toll, wenn ich mit ihr über alles reden könnte, was im Wald passiert ist. Vielleicht kann sie mir ja sagen, wie lange man warten muss, bis jemand auf magische Weise in unsere Welt gelangt.

Aber sie lächelt nur und sagt:

»Prima, ich habe mir doch gedacht, dass ihr beide am Ende Freunde werdet. Übrigens, hast du schon ein Weihnachtsgeschenk für Yusuf?«

»Wir bekommen die Geschenke doch vom Weihnachtsmann«, sage ich.

Oma lacht.

»Heutzutage bringt der Weihnachtsmann vielleicht vor allem die Geschenke, die man nicht kaufen kann«, sagt sie.

Da hat sie wahrscheinlich recht, denke ich, denn ich habe gesehen, wie Mama und Papa Weihnachtsgeschenke für mich in ihrem Kleiderschrank versteckt haben.

»Yusuf wünscht sich nichts. Nur, dass seine Eltern zu uns kommen. Ich glaube nicht, dass er sich besonders freuen würde, wenn ich ihm etwas kaufe. Außerdem habe ich ja kaum Geld«, sage ich.

»Aber die schönsten Geschenke können doch Dinge sein, die man schon besitzt. Dinge, die dem anderen gefallen«, antwortet Oma. »Hast du dich etwa nicht über den alten Schlüssel im Adventskalender gefreut? Und über das Trollkreuz?«

Jetzt lächelt sie wieder so Oma-typisch. In diesem Moment begreife ich, dass sie viel mehr weiß, als sie jemals zugeben würde.

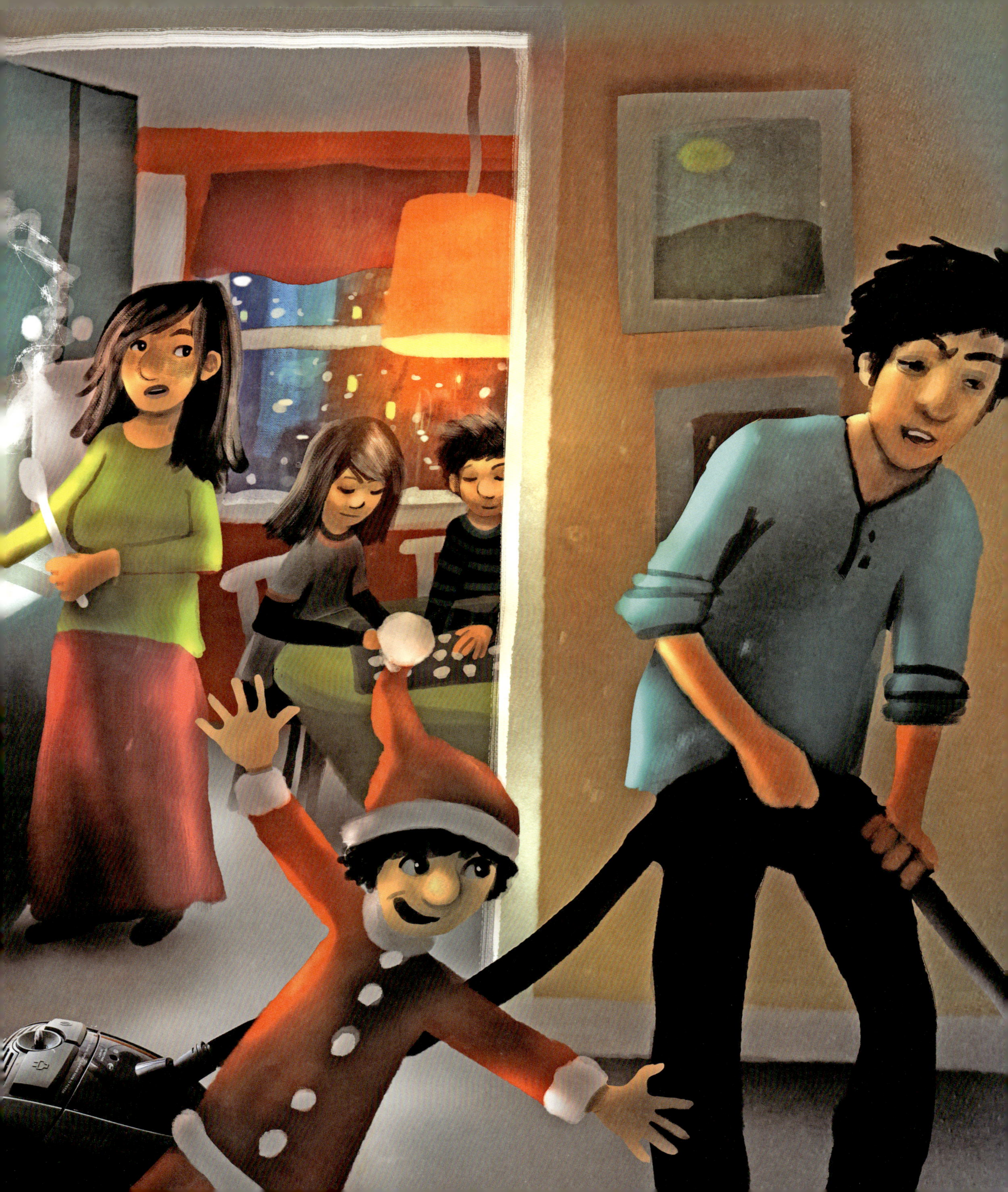

23

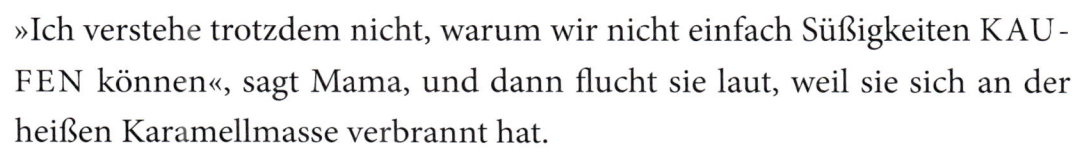

»Ich verstehe trotzdem nicht, warum wir nicht einfach Süßigkeiten KAUFEN können«, sagt Mama, und dann flucht sie laut, weil sie sich an der heißen Karamellmasse verbrannt hat.

»Unsere Kindergärtnerin hat gesagt, es ist kein richtiges Weihnachten, wenn man die Karamellbonbons nicht selber macht«, erklärt ihr Fadi.

Er rennt im Weihnachtsmannkostüm durch die Wohnung und grölt Weihnachtslieder. Papa fuhrwerkt mit dem Staubsauger herum und schimpft mit uns, weil wir überall unsere Sachen verstreuen. Im Staubsaugerrohr klappern Legosteine.

Papa schaltet den Staubsauger ab und ruft:

»Ich werde jeden Legostein wegsaugen, den ihr nicht vom Boden aufhebt, das schwöre ich euch!«

Yusuf und ich sitzen am Küchentisch und verteilen kleinen Förmchen aus Papier auf einem Tablett.

»Sollen wir zum Vorratshaus gehen?«, flüstere ich. Denn in dem Chaos hier zu Hause hält man es ja kaum aus.

Aber Yusuf zuckt nur mit den Schultern.

»Meine Eltern sind sowieso nicht da, sie kommen nicht«, sagt er.

Da klingelt es. Yusuf erstarrt. Dann rennen er und Fadi zur Tür.

Aber es stehen nicht Yusufs Eltern davor, sondern Leah.

Sie wirkt fast ein bisschen schüchtern, als sie mir ein Weihnachtsgeschenk überreicht.

»Ich wollte nur Fröhliche Weihnachten sagen und dir das hier geben«, murmelt sie.

Ich löse das Geschenkband und packe ein Stück Stoff in meinen Lieblingsfarben aus. Es ist die niedlichste Hängematte auf der Welt, sie ist winzig.

»Die ist für deinen Hamster. Ich habe sie selbst genäht!« Leah sieht sehr zufrieden aus.

»Jetzt wird es darin ziemlich eng. Wir haben nämlich inzwischen zehn Hamster!« Ich muss lachen.

Leah fällt die Kinnlade herunter, und da ziehe ich sie einfach ins Kinderzimmer, damit sie sich die Jungen ansieht.

»Oh, nein! Wie süß!«, ruft Leah, als ich das Häuschen angehoben habe.

Sie kann sich kaum vom Käfig losreißen. Aber ich merke, dass Blacky ganz aufgeregt ist, und deshalb stelle ich das Häuschen wieder ab. Wir hängen stattdessen die Hängematte auf. Blacky steckt den Kopf aus ihrem Häuschen und guckt neugierig, was wir da machen.

»Das ist das schönste Weihnachtsgeschenk auf der Welt!«, sage ich. »Ich habe auch eins für dich.«

Mit dem Weihnachtsgeschenk für Leah habe ich mir wirklich Mühe gegeben. In all den vielen Stunden, in denen ich Sehnsucht nach ihr hatte, habe ich an meinem Freundschaftsbild für sie gearbeitet. In der Mitte sieht man sie und mich an einem sonnigen Tag am Strand. Sie hat mir den Arm um die Schultern gelegt. Wir sehen aus wie die fröhlichsten Freundinnen der Welt. Ringsherum habe ich Muscheln und kleine Steine vom Strand aufgeklebt. In den selbst gemachten Stoffrahmen habe ich »Best friends forever, Martha + Leah = BFF« und die Namen von Bands und Songs, die sie toll findet, gestickt. Anstatt ein Weihnachtskärtchen dranzuhängen, habe ich ihren Namen mit Zuckerguss auf ein Lebkuchenherz gespritzt.

»Ich LIEBE es!« Leah drückt sich das Freundschaftsbild an die Brust.

Man merkt, dass sie es ernst meint. Mir wird ganz warm.

»Du«, sagt sie dann und macht ein ernstes Gesicht. »Es tut mir leid, dass ich in letzter Zeit so gemein zu dir war. Ich war wohl eifersüchtig. Du wolltest ja nur noch was mit Yusuf machen.«

»Schon okay«, sage ich. »Wir sind BFF, egal, was passiert.«

Leah lacht.

»Ja! Bis wir ins Altersheim kommen. Nein, bis wir sterben, werden wir BFF sein.«

»Und danach können wir zusammen als Gespenster herumspuken.« Ich fange an zu kichern.

Leah muss schon wieder nach Hause, aber das ist nicht so schlimm. Ich weiß, dass wir uns in den Weihnachtsferien oft sehen werden, so wie sonst auch.

Ich setze mich in die Küche und knabbere Pfefferkuchen mit Yusuf. Aber als ich ihm von der Hamster-Hängematte erzähle, kommt mir alles wieder ein bisschen verrückt vor. Ich denke an die vielen Weihnachtsgeschenke, die ich kriegen werde, und daran, dass ich Weihnachten zusammen mit meinen Eltern und meinen besten Freunden und der liebsten Oma der Welt feiern darf. Yusuf dagegen hat fast nichts. Seine Eltern kann ich ihm zwar nicht herzaubern, aber ich wünschte, ich hätte wenigstens ein richtig gutes Geschenk für ihn. Etwas, über das er sich wirklich freut. Ich kann es nämlich nicht aushalten, ihn so traurig zu sehen.

Und plötzlich habe ich eine Idee! Vor Begeisterung springe ich vom Stuhl auf und werfe dabei die Papierförmchen um, die wir gerade aufgestellt haben.

»Möchtest du dein Weihnachtsgeschenk heute schon haben und nicht erst morgen?«

Er sieht nicht besonders erfreut aus, eher erschrocken.

»Aber ich habe doch gar nichts für dich«, sagt er.

»Das macht nichts. Komm!«

Ich weiß, dass man die Hamstermutter und die Jungen in den ersten Wochen in Ruhe lassen sollte. Außerdem habe ich das Haus heute schon einmal hochgenommen. Doch ich muss Yusuf unbedingt sein Weihnachtsgeschenk zeigen.

»Du darfst dir ein Junges aussuchen. Sie müssen allerdings bei Blacky bleiben, bis sie vier Wochen alt sind«, sage ich.

Eine Weile beobachten wir stumm die winzigen Jungen, die piepsend um Blacky herumwuseln. Sie sind nicht größer als unsere Daumen. Schließlich sagt Yusuf:

»Weißt du was? Das ist das schönste Geschenk, das ich jemals gekriegt habe.«

»Oh!« Ich werde knallrot. »Ich kann ja sowieso nicht alle Jungen behalten. Und ich weiß, dass du dich sehr gut um deinen Hamster kümmern wirst. Ich glaube, Blacky möchte auch, dass du eins ihrer Jungen bekommst.«

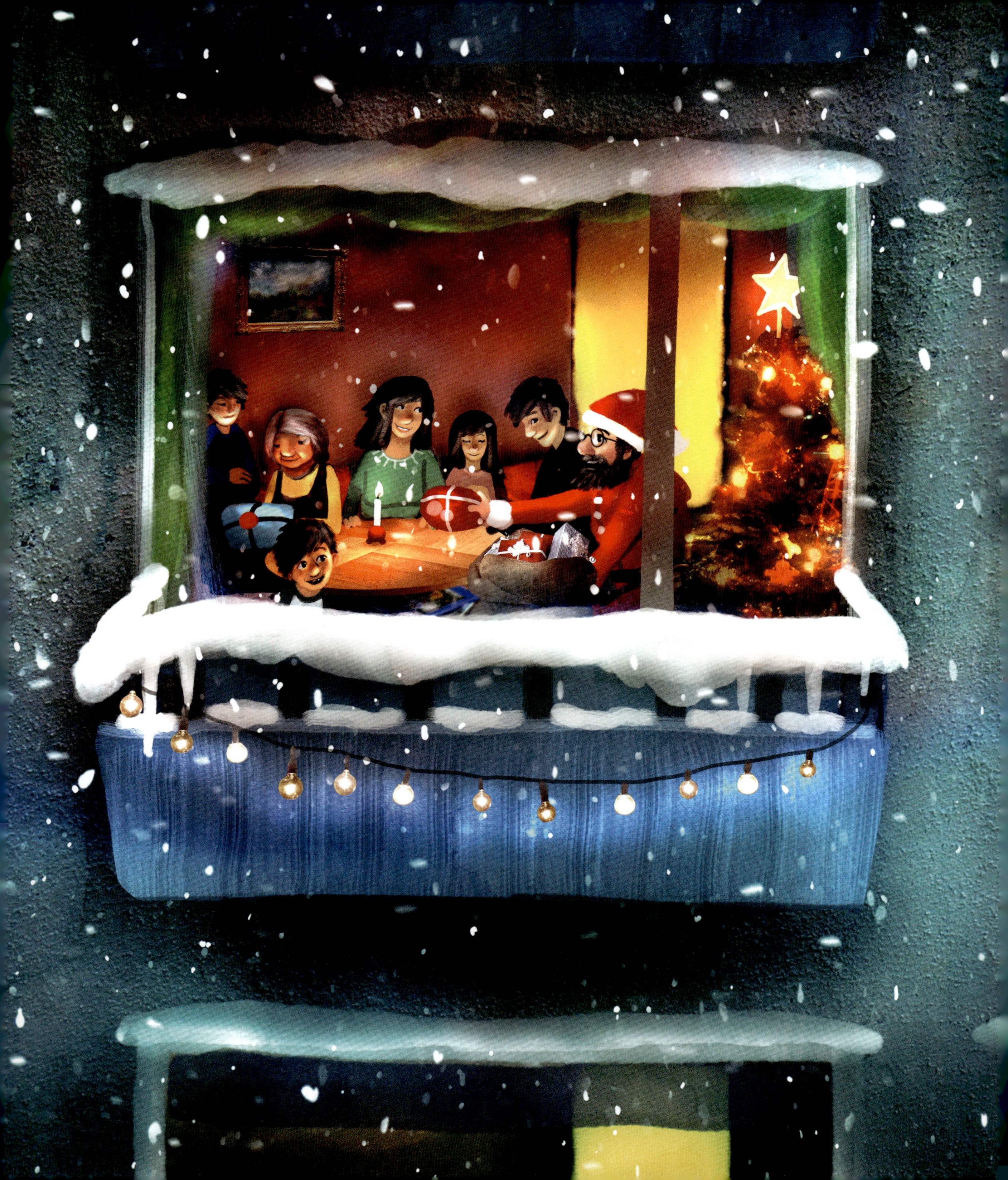

24

Endlich ist Heiligabend! Allerdings hätte der Tag für meinen Geschmack gerne etwas später anfangen können, denn Fadi weckt mich um halb fünf und jault, er wolle die Geschenke aufmachen. Ich bleibe im Bett liegen und ärgere mich nur ein klitzekleines bisschen. Irgendwie ist es ja auch gemütlich, fast wie eine Tradition. Allerdings bin ich ziemlich müde, denn die Hamsterjungen haben die halbe Nacht im Käfig rumort.

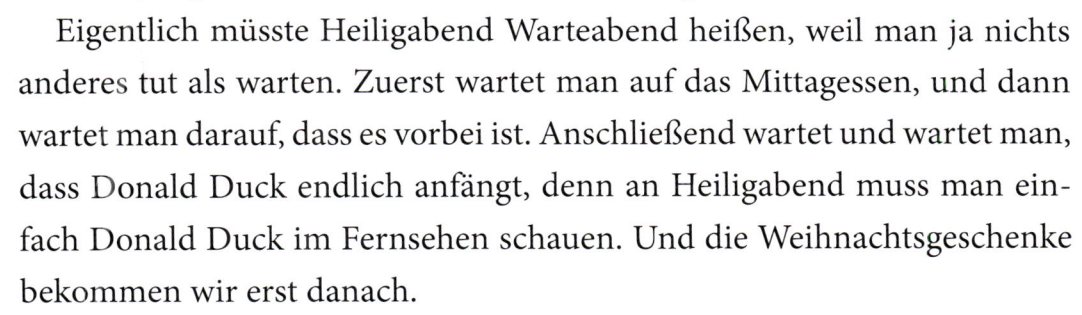

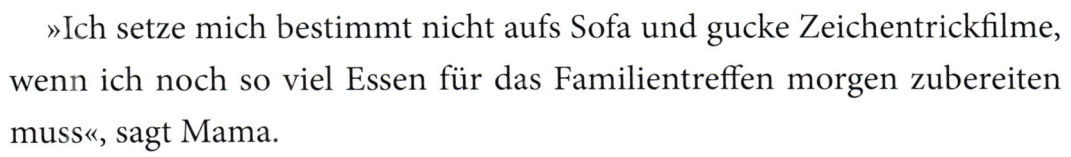

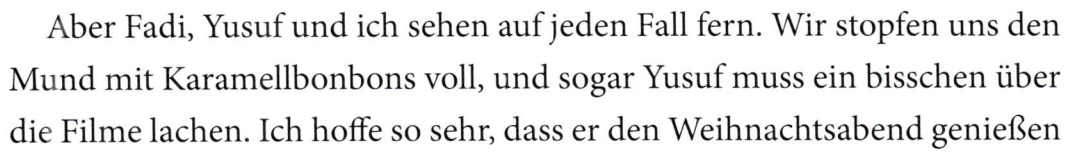

Eigentlich müsste Heiligabend Warteabend heißen, weil man ja nichts anderes tut als warten. Zuerst wartet man auf das Mittagessen, und dann wartet man darauf, dass es vorbei ist. Anschließend wartet und wartet man, dass Donald Duck endlich anfängt, denn an Heiligabend muss man einfach Donald Duck im Fernsehen schauen. Und die Weihnachtsgeschenke bekommen wir erst danach.

»Ich setze mich bestimmt nicht aufs Sofa und gucke Zeichentrickfilme, wenn ich noch so viel Essen für das Familientreffen morgen zubereiten muss«, sagt Mama.

Aber Fadi, Yusuf und ich sehen auf jeden Fall fern. Wir stopfen uns den Mund mit Karamellbonbons voll, und sogar Yusuf muss ein bisschen über die Filme lachen. Ich hoffe so sehr, dass er den Weihnachtsabend genießen kann, obwohl seine Eltern nicht gekommen sind. Immerhin hat er ja jetzt einen Hamster. Und mich. Und ich bin mir sicher, dass Leah ihn auch mögen wird, wenn sie erst den richtigen Yusuf kennenlernt. Den Wald-Yusuf.

Gerade hat die Folge über Donald Ducks Campingurlaub angefangen, als es an der Wohnungstür klingelt.

»Der Weihnachtsmann!«, brüllt Fadi und rast zur Tür.

Yusuf verrenkt sich fast den Hals, um zu erkennen, wer es ist. Scheinbar kann er die Hoffnung doch nicht ganz aufgeben, dass seine Eltern noch kommen.

Es ist aber nicht der Weihnachtsmann, und Yusufs Eltern sind es auch nicht – sondern Oma.

»Komm rein, du musst mein Essen probieren«, sagt Mama, bevor Oma überhaupt ihre Schuhe ausgezogen hat.

Wenn der Weihnachtsabend allerdings erst mal richtig angefangen hat, ist es kein Warteabend mehr, sondern ein Viel-zu-schnell-vorbei-Abend. Nach Donald Duck klingelt es erneut, und diesmal steht wirklich der Weihnachtsmann vor der Tür. Er spricht lange über unseren Tannenbaum und hat einen schwarzen Bart anstelle eines weißen, aber das macht nichts, denn die Weihnachtsgeschenke, die er mitbringt, sind super!

Bald hocken Fadi und ich in einem Gebirge aus Geschenkpapier, Legokartons und neuen Anziehsachen. Dazwischen tummeln sich Spielzeugautos. Um mir einen Überblick über meine Geschenke zu verschaffen, reihe ich sie ordentlich auf. Es sind unheimlich tolle Sachen, aber nichts toppt Leahs Hamster-Hängematte. Yusuf bekommt auch mehrere Geschenke. Er bedankt sich höflich und sagt, er fände alles schön, aber ich weiß, dass er sich am meisten über das Hamsterjunge freut.

Und dann gibt es schon Abendessen. Ich habe kaum Zeit gehabt, mir meine Geschenke in Ruhe anzuschauen. Der Tisch biegt sich vor lauter Schüsseln. Als wir alle pappsatt sind und Fadi von der Weihnachtsbrause laut rülpsen muss, ertönt aus dem Wohnzimmer das Skype-Signal. Mama rennt hinüber, um den Anruf entgegenzunehmen.

Als Yusuf hört, mit wem Mama redet, erstarrt er, dann rast er ins Wohnzimmer. Ich laufe ihm hinterher. Auf dem Computerbildschirm sehe ich eine Frau und einen Mann, die ich nicht kenne. Als ich jedoch genau hinschaue, wird mir klar, dass es Yusufs Eltern sind, die ich ja schon mal auf dem zerknitterten Foto gesehen habe. Die Augen der Frau sehen genauso aus wie die von Yusuf.

»Wir haben dich so vermisst, Habibi«, sagt seine Mutter. Mit Tränen in den Augen starrt sie Yusuf an.

»Mama! Mama! Wo seid ihr? Ich halte es nicht mehr aus ohne euch.«

Schluchzend streckt er die Hand nach dem Bildschirm aus, um das Gesicht seiner Mutter zu berühren.

»Wir haben es schon bis nach Deutschland geschafft. Am ersten Weihnachtstag sind wir in Schweden. Es wird alles gut, Yusuf. Wir werden wieder zusammen sein!«

Fadi kommt ins Wohnzimmer gehüpft und zwängt sich vor den Computer.

»Bringt ihr Weihnachtsgeschenke mit?«, fragt er neugierig.

Yusufs Mutter lacht und weint zugleich.

»Nein … Das wäre unterwegs zu kompliziert gewesen.«

»Weihnachtsgeschenke sind mir doch ganz egal! Hauptsache, ihr kommt«, sagt Yusuf, dessen Hand noch immer auf dem Gesicht seiner Mutter liegt.

Seine Mutter streckt ihre Hand aus, als wollte sie die von Yusuf berühren.

Ihre Strickjacke öffnet sich ein wenig. Und da sehe ich es – sie trägt mein Trollkreuz um den Hals!

Am Abend liege ich noch eine Weile wach und denke über alles nach, was passiert ist. Als mir die Trolle im Wald einfallen, läuft mir ein Schauer über den Rücken. Niemand würde mir glauben, wenn ich von ihnen erzählen würde. Die Trolle müssen mein und Yusufs Geheimnis bleiben. Dann denke ich an Blacky, die nun Mutter ist und sich um acht Junge kümmern muss. Wir können sie wohl eine Weile nicht mit in den Wald nehmen. Ich höre Fadi schnarchen und die Hamster piepsen. Die Weihnachtsferien liegen vor mir, und es fühlt sich an, als würden sie ewig dauern. Allerdings habe ich viel vor. Ich möchte mich mit Leah treffen, und vielleicht auch mal mit Maja. Mit Yusuf will ich den Wald erforschen. Und natürlich will ich mit meinen Weihnachtsgeschenken spielen und mich an die Hamsterjungen gewöhnen. Es wird aufregend, Yusufs Eltern kennenzulernen. Ich hoffe, sie sind so wie er.

Am Ende kann ich die Augen nicht mehr offen halten, sosehr ich mich auch bemühe. Kurz vor dem Einschlafen höre ich eine piepsige Stimme sagen:

»Fröhliche Weihnachten, Martha.«

Es klang nach Blacky! Doch ich bin zu müde, um nachzuschauen.

Ich denke an Oma, die gesagt hat: »Heiligabend können Tiere sprechen.« Ich war mir sicher, sie hätte nur einen Scherz gemacht. Aber Oma weiß eben viele Dinge, die andere Erwachsene längst vergessen haben.

Siri Spont ist das Pseudonym von Titti Persson. Sie wurde 1974 in Dalarna (Schweden) geboren und liebt Bücher, seit sie denken kann. Inzwischen arbeitet sie als Lektorin in einem Kinderbuchverlag. Außerdem hat sie ihren großen Traum verwirklicht, selbst Geschichten zu schreiben. Titti Persson wohnt mit ihrem Mann, ihren zwei Kindern und zwei superdicken Katzen in Stockholm.

Alexander Jansson ist Illustrator, Grafiker und Animateur. Er vermischt gerne traditionelle Maltechniken mit digitaler Fotografie. Zu seinen Auftraggebern gehören unter anderem Disney, Dreamworks Animation sowie internationale Verlage.

LChoice App kostenlos laden, dann Code scannen und jederzeit die neuesten WOOW Books finden.

LChoice
Hier bestellen